Stefan Valentin Müller

Haiku schreiben, eine kleine Schule

© **2016**

Herstellung und Verlag: BoD – Books on Demand, Norderstedt.

ISBN: 9783743142107

Inhaltsverzeichnis

Warum Haiku? 4
Der Geist des Haiku 5
»Erst mal« 7
Die äußere Form 9
1. Übung: Silbenzählen 16
Die einfache Beschreibung 18
2. Übung: Sag es einfach 21
Die Lebenswelt des Haiku 22
3. Übung: Kurzes Hineinhorchen 26
Gegenwärtigkeit, Jahreszeitenbezug 28
Kigo – Schneekugel der Gefühle 30
4. Übung: *Kigo* 32
Kiyose – Liste der Jahreszeitenwörter 34
Spannung der Bogensehne und des Haiku 37
5. Übung: Ran! 41
6. Übung: Redaktion 43
»Erst mal nicht« 47
7. Übung: Traditionell – Frei 50
Zen und Haiku 54
8. Übung: Das Zen-Haiku 58
Ein Ausflug in die Geschichte des Haiku 60
9. Übung: Das Gestern-Haiku 65
Die großen Vier (Bashô, Buson, Issa, Shiki) 66
Gedichte, in einem Atemzug gelesen 73
Haikoide 77
Haiku-Krimi 86
Ein weites Feld 100
Glossar, Bibliografie 102
Zum Autor 105

Warum Haiku?

Der endlose Strand, unermüdlicher Wellenschlag. Auf dem Weg ein schöner Kiesel, wir bücken uns danach, nehmen ihn in die Hand, betasten und betrachten ihn. Das ewige Meer, die zyklischen Zeitläufe, die lange Erdgeschichte, die sich in dem Stein offenbart und der winzige Augenblick, in dem wir all das zu umfassen suchen und uns eins fühlen mit dem, was war und was kommen wird. Dieser Moment, in dem wir durch versunkene Betrachtung selbst angefasst werden, ist ein Haiku-Moment. Haiku halten solche Augenblicke fest, in denen wir berührt werden und die Welt im doppelten Sinn begreifen. Eine Fliege in einem Netz, der Spinne ausgeliefert, das Grillenzirpen in einer gewitterdrohenden Sommernacht, der Moment, wenn der Fisch beißt und die Angel sich biegt, aber auch tobende Kinder im Park, um Brotkrumen streitende Spatzen im Straßencafé. All das können Haiku-Momente sein. Ein kurzes Begreifen, sich an der Gegenwart erfreuen, dabei die Vergänglichkeit des Augenblicks erkennen und bejahen, und dies in Worte fassen, das ist Dichtung im Geist des Haiku.

Der Geist des Haiku

AKAZIENBLÜTEN
AUF WINTERSCHWARZER SCHOLLE –
ES BEGINNT VON VORN

Es soll noch immer Menschen geben, die das Wort Haiku, was eigentlich »lustiger Vers« bedeutet, noch nie gehört haben. Wir, die wir dieses Büchlein in den Händen halten, gehören nicht zu diesen Menschen, es sei denn, wir haben das falsche Buch gegriffen und schütteln nun verwundert den Kopf. Haiku. Eine kleine Gedichtform, mit die kleinste überhaupt, die auf großen Füßen die Welt erobert hat. Es ist so klein, dass es nicht einmal eine Überschrift oder einen Titel im Koffer hat.

Was macht den Reiz des Haiku aus, neben seiner Kürze, in der ein Teil seiner Würze steckt? Die Verbindung mit dem Augenblick, der uns im ewigen Kreislauf innehalten, durchatmen lässt? Sicher auch das. Die konkrete Aussage, die das Haiku transportiert, ohne doppelten Boden, aber dennoch Raum für Assoziationen lässt und nachhallt? Auch das ein Grund. Die Herkunft aus einem Land, das uns in Staunen versetzt, fremd und faszinierend zugleich, traditionell und hypermodern? Die wirkliche oder vermeintliche Nähe zum Zen, einer Geisteshaltung, die einfache Antworten in einem unüberschaubaren Lebensumfeld bereitzuhalten verspricht?

Bashô, ein alter Haiku-Meister, sagte sinngemäß: »Wer über den Bambus lernen will, soll zum Bambus gehen«. So wollen wir versuchen, Haiku zu dichten, um uns dichterisch dem Haiku zu nähern. Auf diesem Weg pflücken wir am Rand das eine oder andere Wissenswerte, das uns durch Erkenntnis schneller ans Ziel bringt, das Ziel, eben Haiku zu dichten. Schließen wir den Kreis und beginnen.

»Erst mal«

Erst mal bewegen wir uns in dieser Zwergschule auf klassischen Pfaden beim Kennenlernen des Haiku. »Klassisch« meint hier die strenge (keine Angst, ganz so streng wird es nicht werden), strukturierte Form, nicht die freie, regellose. Wir wollen uns mit dem äußeren und dem inneren Aufbau dieser Gedichtform beschäftigen. Ein Blick ins Inhaltsverzeichnis zeigt die Richtung des Vorgehens.

Um uns nicht mit zu viel Theorie zu belasten, kommt die Geschichte des Haiku, seine Entwicklung und ein Blick auf seine gegenwärtige Gestalt erst nach dem Kapitel über den Aufbau des klassischen Haiku. Wer sich mit dieser Lyrikart beschäftigt, wird etwas über seine Entstehungsgeschichte wissen wollen.

»Die großen Vier« sind die wichtigsten Vertreter des japanischen Haiku, also große *haijin*, Haiku-Dichter. Kein Schüler, Geselle oder Meister kommt an ihnen vorbei und versuchte er es auf »Nebenpfaden durchs Hinterland« (Titel eines Buchs von Bashô, einem der »großen Vier«; siehe Bibliografie).

Haiku und Zen werden häufig in einem Atemzug genannt. Sie sind verwandt, vielleicht nicht verbrüdert, aber immerhin wie Cousin und Cousine einander zugeneigt. Das wollen wir uns im gleichnamigen Kapitel anschauen. Dazu müssen wir uns etwas über die Zen-Philosophie anhören oder weiterblättern.

Doch zuvor kommen wir zu dem Kapitel »Erst mal nicht«, das als gegensätzliches Kapitel zu »Erst mal« die freie Form des Haiku erläutert und es jedem Haiku-Schüler freistellt, sich zwischen der klassischen und der freien Form zu entscheiden.

Im vorletzten Kapitel finden wir einige Gedicht-Beispiele mit kurzen Erläuterungen, um ein besseres Gehör für Haiku-Worte zu entwickeln und unser Interpretationsvermögen zu schulen.

Dazwischen immer wieder Übungen.

»Haikoide« heißt die Überschrift des letzten Kapitels. Diese Wortschöpfung umfasst haikuähnliche Gebilde und verwandte Gedichtformen. Am Ende, als Zugabe, habe ich einen Haiku-Krimi angehängt. Besser gesagt, einen Krimi, in dem ein Haiku eine gewisse Rolle spielt. Der Dichter, von dem das zentrale Haiku stammt, würde sich wundern, in welchem Zusammenhang sein Haiku erscheint. Sein Name taucht versteckt im Text auf.

Die äußere Form des Haiku ...

... wird in diesem Kapitel in eherne Tafeln gemeißelt:

EIN HAIKU BESTEHT
AUS SIEBZEHN SILBEN SOMMERS
WIE WINTERS, ODER?

Dies ist kein Haiku, auch wenn die Worte siebzehn Silben bilden, in drei Zeilen stehen, gegenwärtig sind, nicht nur über eines, sondern sogar über zwei Jahreszeitenwörter verfügen und sich recht provokant anhören. Warum dem so ist, wissen wir spätestens ein paar Kapitel weiter. Also, die Teeschalen ausspülen und in Geduld üben.

Das Haiku besteht traditionell aus drei Zeilen zu fünf-sieben-fünf Silben, insgesamt also siebzehn Silben. Der eingefleischte Haiku-Schreiber nickt nun beiläufig oder aber ihm geht der Hut hoch. Der, dem der Hut hoch geht, sollte daran denken, dass das Haiku schreiben eine ruhige, gelassene Beschäftigung ist, ohne stärkere Temperamentsausbrüche. Also gilt: Das Haiku hat siebzehn Silben. Erst mal.

Das mit dem Hut kommt daher, dass es zwei Richtungen beim Haiku-Dichten gibt. Die eine mag es streng, die andere frei, offen. Freiheit und Offenheit hören sich natürlich besser an als Geschlossenheit und Strenge, vor allem, wenn man in Bayern zur

Schule gegangen oder nach preußischen Idealen erzogen worden ist. Aber die strenge Form birgt einige Vorteile. Doch zuerst: Weshalb gibt es bei uns überhaupt zwei Lager unter den Haiku-Freunden? Eines, das fest auf die siebzehn Silben besteht, das andere Lager, das gerade dieses verneint?

Wie wir bereits wissen, stammt die Gedichtform des Haiku aus Japan. Im fernen Land der aufgehenden Sonne gibt es im Schriftsystem keine Silben, wie wir sie kennen. Im Japanischen kennt man Lauteinheiten (*moren*) und ein Haiku setzt sich aus Schriftzeichen zusammen, die eben siebzehn gleich lange Lauteinheiten bilden.

Eine Lauteinheit entspricht vage einer Silbe, meist ist sie kürzer, was aber nichts mit der Transportmenge der Information zu tun hat. Siebzehn Moren klingen etwas kürzer als siebzehn Silben. Der Sinn, der im Japanischen in siebzehn Moren transportiert wird, benötigt im Deutschen rund zehn bis achtzehn Silben. Das heißt, eine adäquate Übersetzung hätte häufig weniger als siebzehn Silben, manchmal etwas mehr, häufig auch sechzehn, siebzehn. Wobei wir wieder bei der Zahl siebzehn wären.

Da wir Regeln benötigen, wurden den siebzehn Lauteinheiten siebzehn Silben zugeordnet und es kam das Gesetz auf, ein Haiku habe siebzehn Silben. Da auch im Japanischen die Haiku durch Trenn- oder Schneidewörter dreigeteilt wurden oder in drei (senkrechten) Zeilen verfasst wurden, zu fünf, sieben, fünf Lauteinheiten, kam man auf das zweite Gesetz: drei Zeilen zu fünf, sieben, fünf

Silben. Ganz einfach. Und Einfachheit ist ein Wort, was uns beim Erlernen des Haiku-Schreibens begleiten wird.

Also: Ein Haiku hat drei Zeilen zu fünf, sieben, fünf Silben, insgesamt siebzehn Silben. Das ist aber jetzt ganz streng und ganz traditionell gesehen. In der Realität, im Leben also, geht es weniger um die starre Form als um den Inhalt und auch nicht um die sklavische Einhaltung der Silbenregel, doch dazu später mehr. Jetzt, zum Üben und Lernen orientieren wir uns an der starren Regel, gelegentlich ein, zwei Silben weniger, wenn es der Klang verlangt, aber ansonsten siebzehn Silben.

Wenn wir das Abzählen nicht mehr benötigen, die Silbenzahl uns ins Blut übergegangen ist, dann verzichten wir wieder auf die ehernen Gesetze und dichten frei darauf los. Auch ein Musiker lernt die Noten rein zu spielen, fest vom Blatt und vorgegeben, bevor er improvisiert und überlieferte Gesetze bricht, weil sie zu brechen sind (wenn wir das dann noch wollen). Doch erst einmal gemach.

Ein japanisches Haiku wörtlich übersetzt ist also meist kürzer als das Haiku in der Zielsprache. Ein Beispiel-Haiku von Buson (japanischer Dichter, siehe auch das Kapitel: Die großen Vier) soll dies verdeutlichen:

na no hana ya
tsuki wa higashi ni
hi wa nishi ni

Zählt man die Moren, also die Lauteinheiten, kommt man auf die bekannte Vorschrift: 5 - 7 - 5. Ins Deutsche übersetzt lautet das Haiku:

RAPSBLÜTE –
IM OSTEN DER MOND,
DIE SONNE IM WESTEN

Verständlicherweise stimmt die Silbenzahl (in diesem Fall: 3 - 5 - 6) mit der Anzahl der Moren nicht überein, dazu sind unsere Sprachen zu verschieden aufgebaut. Eine andere Übersetzung orientiert sich an der 17er-Silbenzahl wie folgt:

SIEH DIE RAPSBLÜTE!
UND IM OSTEN STEHT DER MOND,
DIE SONNE IN WEST.

Nun haben wir in der ersten Zeile fünf Silben, in der zweiten sieben, und wieder fünf in der letzten. Welches übersetzte Haiku ist schöner, eingängiger, wahrer, konkreter?

Im ersten Beispiel ist alles vorhanden, was wir benötigen, um das Bild, welches das Haiku vermitteln will, zu sehen. Das Rapsfeld, das aus sich heraus strahlend gelb leuchtet, an einem Horizont der Mond, gegenüber die Sonne. Es ist Frühjahr (Blütezeit), am Abend, da die Sonne im Westen steht und im Osten der beinahe volle, zunehmende Mond. Mehr sagt vordergründig das Gedicht nicht aus. Natürlich vermittelt das widerstreitende Wortpaar Sonne/Mond eine Spannung, die von dem erdigen Leuchten des

Rapsfeldes verstärkt wird. Die Spannung rührt aus den Gestirnen, die für die Nacht und für den Tag stehen, für Hitze und Kälte, für das männliche (Sonne) und das weibliche Prinzip (Mond), für Nässe und Trockenheit, für Yin und Yang. Dazwischen das Rapsfeld, die Erde, die den zyklischen Gesetzen der Planeten unterworfen ist. Hinzu kommt das Ewige, Beständige der Gestirne, der immer wieder kehrende Jahreszeitenlauf und in seinem Spannungsfeld die Vergänglichkeit der Blüten.

Doch das ist die zweite, tiefere Ebene. Darunter steht der Moment des plötzlichen Erkennens dieser übergeordneten Gesetze. All dies ist in der ersten, wörtlicheren Übersetzung vorhanden. Die zweite, silbentreue Übertragung sagt das Gleiche mit mehr Worten, nur um der Zahl 17 Genüge zu tun. Dazu tritt neben den einsamen Beobachter noch ein Ansprechpartner, was in dem Wort »Sieh« deutlich wird. Das bringt eine Wechselwirkung zwischen Erkennendem, Hinweisendem und einem auf das Bild Hingewiesenen, also noch nicht Erkennenden ins Spiel, was im Original nicht beabsichtigt wurde.

Dieser kurze Ausflug in die Interpretation zweier Übersetzungen eines Haiku soll nur zeigen, dass es schwierig ist, aus der Ursprungssprache, die das Gesetz der siebzehn Moren befolgt, eine adäquate Übersetzung zustande zu bringen, die unseren Silbengesetzen folgt. Übertragungen aus dem Japanischen sind daher häufig kürzer als siebzehn Silben und das ist auch gut so, denn es geht um das Bild, den Sinn und nicht um eine Absolutheit der Silbenzahlen.

Da es in dieser kleinen Haiku-Schule aber nicht um Übersetzungen aus dem Japanischen geht, sondern um das Dichten von Haiku im Deutschen, wollen wir versuchen, uns nahe an das Gesetz der Silbenzahl 5 -7- 5 zu halten. Also siebzehn Silben. Erst mal. Wie gesagt.

Ich sprach etwas weiter oben davon, dass die Strenge manchen Vorteil bietet. Welchen? In meinem Erst- oder Zweitberuf, je nachdem, von wo man schaut, bin ich Veterinärmediziner. Als Tierarzt habe ich es häufig mit unerzogenen Hunden zu tun. Ich bedauere regelmäßig die Tierbesitzer. Es ist sicher kein angenehmes Zusammenleben mit einem Hund, der keine Regeln kennt. Ein halbes Jahr verständnisvolle Strenge und Konsequenz bescheren dem Besitzer viele Jahre entspannte Freude mit seinem Vierbeiner, denn auch der Hund sehnt sich nach Regeln. Er nimmt seine Menschenfamilie als Rudel wahr und in einem Rudel herrschen strenge Rangordnungen, also Regeln. Das Haiku springt uns zwar nicht hechelnd um die Füße, aber es verlangt auch nach Regeln. Ein kurzes Gedicht ohne Regeln ist ein kurzes Gedicht und kein Haiku. Natürlich ist ein Gedicht mit siebzehn Silben auch nicht unbedingt ein Haiku, dazu bedarf es schon etwas mehr, aber siebzehn Silben sind schon notwendig. Erst mal. Wie gesagt.

Wir westlichen Menschen lieben Japan nicht ohne Grund. Die Philosophie, Zen, Bogenschießen, die Teezeremonie, Kalligrafie, Tuschemalerei, Origami, die Gartenkunst, die Tatamihäuser mit ihren Papierwänden, selbst die Speisen. All das ist von einer Klarheit und Strenge, die uns anspricht und sehnsuchtsvolle Saiten zum Klingen bringt. Ein einfacher Innenhof, zwei Steine und gerechter Sand lassen uns in seiner Schlichtheit den Atem anhalten, selbst wenn wir den Sinn nicht erfassen. Das moderne Japan ist selbstredend ein anderes, aber die alte Kultur ist noch gegenwärtig. Das Einfache, Schlichte, Strenge weitet unser Herz, das zugeschüttet ist mit Anforderungen, Hektik, Zukunftsängsten, Beziehungsärger und dem Mangel an Sinnhaftigkeit. Das Haiku ist einfach, schlicht und streng in seiner Form, daher spricht es uns an, klingt in uns wie eine Stimmgabel in den Weiten eines leeren Raumes. Unser Geist möchte im Nebel der verworrenen Anforderungen schlichte, einfache Wegmarken, die einem strengen, überschaubaren Plan folgen.

Die japanische Gedichtkunst ist wie alle anderen Künste in Jahrhunderten gewachsen, hat sich Gesetzen unterworfen und im Haiku einen Grad der Einfachheit erreicht, der in der Dichtkunst kaum zu überbieten ist. Daher ist es nur gerecht, wenn wir uns mit einer Verbeugung Regeln unterwerfen, ein Korsett aus drei Zeilen und siebzehn Silben umschnüren, um uns in der Kunst des Haiku-Dichtens zu üben. Wer sich so der formalen Strenge dieser Gedichtkunst öffnet, vermag durch diese auf den Pfad der Einfachheit geleitet zu werden.

Beachten wir also ein paar Regeln, wie die Dreizeiligkeit, die Silbenzahl, die Gegenwärtigkeit und Konkretheit (dazu später), den Jahreszeitenbezug (auch dazu später), dann haben wir schon ein erkennbares Haiku erschaffen, vielleicht kein Meisterstück, aber immerhin.

1. Übung

Bevor wir ans Haiku-Dichten gehen, wollen wir eine kleine Übung machen. Ohne Anspruch, ein Haiku entstehen zu lassen, ohne Beurteilung der Qualität. Es geht einzig und allein darum, die Silbenregel anzuwenden.

Betrachten wir kurz den Moment, in dem wir uns befinden. Wo sitzen wir, wer ist im Raum dabei, was halten wir in der Hand, wie ist der Tisch beschaffen? Versuchen wir, ein beliebiges Objekt, das uns umgibt, die Situation, Tages- oder Jahreszeit, oder einfach unsere momentane Stimmung zu beschreiben. In drei Zeilen, siebzehn Silben zu fünf, sieben, fünf Silben. Beginnen wir.

Ein Beispiel aus einem Kurs:

ES KNARZT VERSTOHLEN
SCHNÜFFELND DREHN SICH KÖPFE HER
DER STUHL WAR ES NUR

Sie können für diese Übung ein weißes Blatt Papier zur Hand nehmen oder Ihre Übung auf der folgenden Seite festhalten. Wo immer sie im Buch den Bleistift entdecken, gibt es Raum zum Üben. Wenn Sie dann in ein paar Wochen, Monaten oder Jahren das Buch wieder zur Hand nehmen und Ihre Übungen entdecken, werden Sie vielleicht erstaunt sein oder sich gar wundern. Wie auch immer, es wird dann Teil Ihrer Haiku-Geschichte sein.

Die einfache Beschreibung

GANZ STILL SPIEGELT SICH
DIE BOJE IM WINTERFLUSS
DIE SONNE GEHT AUF

Am 13. Mai 1940 hielt Winston Churchill die berühmte Rede, die die englische Bevölkerung auf die Härten des bevorstehenden Krieges vorbereiten sollte. »Ich habe nichts anzubieten, als Blut, Schweiß und Tränen.« lautet die gängige Übersetzung (»*I have nothing to offer but blood, toil, tears and sweat.*«). Die Worte erzielten nicht nur ihre Wirkung aus der schonungslosen Offenheit, sondern auch wegen ihrer Einfachheit. Das Bild, das er entwirft (Blut, Schweiß und Tränen), ist eingängig und sofort präsent. Churchill war ein großer Redner, wobei er einfache Worte benutzte.

Wir wollen uns von der Kriegskunst abwenden und zur Dichtung zurückkehren, dabei aber nicht Churchills Erfolgsrezept vergessen: Einfachheit. Auch das Haiku verlangt nach Einfachheit in der Beschreibung der Momentaufnahmen. Nicht raffiniert ausgeklügelte, kunstvolle Ausdrücke machen das Haiku interessant, sondern das direkte, einfache Wort. Die Boje spiegelt sich *still* im Winterfluss, nicht »*opak*« oder »*kaleidoskopierend*«. Die einfachen Worte sind die Königsworte. Es geht beim Haiku-Dichten nicht darum, durch möglichst kunstvolle Arrangements und ausgefallene

Wortwahl zu glänzen, sondern demütig hinter die drei Zeilen zu treten, um dort möglichst unsichtbar zu bleiben. Nicht der Dichter soll beeindrucken, sondern das Dichtwerk soll berühren. Die Schlichtheit und Strenge der asiatischen Philosophie lebt im Haiku weiter. Nicht der Mensch, nur das Werk zählt, denn der Mensch ist vergänglich, das Werk überdauert. Gerade in asiatischen Gesellschaften hat die Individualität einen viel geringeren Stellenwert als in westlichen Kulturkreisen. Gesellschaft, Schule und Familie geben nur wenig Spielraum zur Entfaltung. Bei uns hat jedes Einzelwesen im Grunde alle Möglichkeiten zur Gestaltung seiner Lebensentwürfe. Das Haiku ist anders, es bietet keine Möglichkeiten, es ist in seiner Strenge und Schlichtheit kompromisslos. Es verlangt: Sei einfach und konkret.

»Nie mehr, solange ein Tropfen *Blut in meinen Adern fließt*, gehe ich ohne Regenschirm aus«, ruft der vom Gewitter Überraschte in einem alten Gedicht. Ausschweifend und kompliziert würde es sich anders anhören: »Nie mehr, solange ein Tropfen *roter Lebenssaft in meinen Blutgefäßen zirkuliert* ...«. So wollen auch wir uns beim Haiku-Schreiben einfach und konkret von Gewitter und Gedankenblitzen überraschen lassen. Wie soll man in nur siebzehn Silben auch anders verfahren, als kurz und bündig? Das mag sich der eine oder die andere mit Recht fragen.

Die Einfachheit bezieht sich dabei nicht nur auf die Wortwahl, sondern meint auch Aufbau und Sinn. Beim Haiku sollen Metaphern, Doppeldeutigkeiten und Innenperspektiven vermieden werden. Es geht um die Darstellung eines sinnlichen Augenblicks, wobei sinnlich für die fünf Sinne steht. Also ein erlebter Eindruck, der gesehen, gehört, gefühlt, gerochen oder geschmeckt wurde.

Auf die innere Symbolhaftigkeit des Haiku kommen wir später zu sprechen, vordergründig sehen, beziehungsweise dichten wir ein konkretes Bild, das mit einfachen Mitteln gearbeitet ist. Dieses Bild entsteht in siebzehn Silben, alles, was da ist, muss gesagt sein, dann kann der Leser aus der Konkretheit des miterlebenden Augenblicks seine eigene Assoziationsmaschinerie in Gang setzen. Nur dann, ohne Wertung und Bevormundung durch Kommentare oder Erklärungen, ist es dem Leser möglich, das in sich geschlossene Haiku aufzubrechen und aus einem konkreten Augenblick das fortdauernde Unkonkrete zu erspüren.

2. Übung: Sag es einfach

Wir versuchen in dieser Übung, einen komplizierten Sachverhalt einfach auszudrücken. Und dies in drei Zeilen zu fünf, sieben, fünf Silben.

Es ist Herbst. Ein paar Leute sammeln in grobe Jutesäcke Äpfel. Die Ernte wird zur Kelterei im nächsten Ort gefahren. Die Äpfel werden aus den Säcken geschüttet und gewaschen. Dann werden sie gepresst. Aus dem Hahn der Maschine läuft der erste Pressaft, der Süßmost. Alle Helfer wollen einen Schluck trinken, es gibt Gerangel und Gelächter. Der Most wird mit einem langen Schlauch in die Fässer auf dem Anhänger gepumpt. Zu Hause werden die Fässer in den Keller geschafft, wo der Zucker im Most zu Alkohol vergärt und Apfelwein entsteht.

Soweit die Geschichte, in die wir uns als Beteiligte hineindenken wollen. Und nun versuchen wir, aus der herbstlichen Szene ein Haiku zu basteln

Die Lebenswelt des Haiku

Als Bashô in seiner Bananenhütte saß und Haiku dichtete oder auf Nebenpfaden durchs Hinterland marschierte, umgab ihn Natur. Er war eingebettet in die Zyklen der Jahreszeiten, sah das Stecken der Reispflanzen, die pflügenden Wasserbüffel, erlebte die Ernte und die stille Zeit des Winters. Das war seine Welt. Die Stadt Edo, die später Tokio heißen sollte, hatte damals ein paar Tausend Einwohner, heute sind es im Großbezirk wohl vierzig Millionen. Wie hat sich die Umwelt eines Menschen geändert? Würde Bashô heute durch die Straßen der Megapolis streifen und das Unkraut besingen, das sich hier und da durch den Asphalt bohrt? Wer weiß.

Traditionellerweise beschäftigt sich die Kunst des Haiku-Dichtens mit der Betrachtung der Natur. Im Haiku soll ein Gegenstand aus der Natur beschrieben werden, der außerhalb der menschlichen Natur zu finden ist. Die Gedichte stehen für eine Momentaufnahme, ein sinnliches Erleben, einen kleinen, beobachteten Augenblick:

DIE FEUERWANZEN
VERSAMMELN SICH AM ABEND
AUF DEM GARTENWEG

Das Haiku beschreibt eine Ansammlung von Insekten. Nichts weiter. Doch für den Autor hatte dieser

Moment eine besondere Magie, es war ein einmaliger Augenblick, der in Worte gefasst werden sollte. Es ist eine einfache, konkrete Beschreibung, ohne Erklärung, ohne Wertung, ohne Sinnaufladung. Die Gedanken, die zu der Wahrnehmung führten oder die Assoziationen, die unweigerlich durch die intensive Betrachtung ausgelöst werden, erfährt der Leser nicht. Auch die Gefühle, die diese seltsame Versammlung am beschriebenen Sommerabend auslöst, werden verschwiegen. Das ist die Arbeit des Lesers. Er ist angehalten, weiter zu denken, fortzufühlen. Hier erst kommt die menschliche Innenwelt hinzu, die Zeilen werden mit der Erfahrungswelt der Leserinnen und Leser verglichen und bewertet, wobei unterschiedliche Gefühle hervorgerufen werden.

Im Gedicht selbst ist eine Wertung, eine Interpretation nicht erwünscht. Das Haiku soll konkret sein, nicht kommentierend. Es beschreibt einen Moment der existierenden Welt, einen winzigen Ausschnitt, der in seiner Existenzerfahrung für das ganze Sein stehen kann. So werden siebzehn Silben, die einen Moment beschreiben, einen umrissenen Ort, ein spezielles Geschehen, zu einer einmaligen Welterfahrung, zu einem Sichhineinfügen in die universellen Gesetze des Lebens.

Aber noch einmal zurück zu Bashôs Hütte aus Bananenblättern und den vierzig Millionen Japanern, die heutzutage durch die Tokio-Ebene schwärmen. Die Lebenswelt der Altvorderen und der Unsrigen hat sich grundlegend verändert und doch sind wir niemals unabhängig von der Natur geworden. Der

Lauf der Gestirne, der sich daraus ergebende Zyklus der Jahreszeiten, die Mondphasen, Sonnenauf- und -untergänge, das Werden und Vergehen in der Natur, all das ist unsere Lebensgrundlage, das Mutterschiff unseres menschlichen Seins. Wir selbst sind, was leider immer wieder vergessen wird, ein Teil der Natur und was wir unserer Umwelt, unseren Mitgeschöpfen antun, das schlägt auf uns zurück. Das Haiku hilft uns, unseren Blick wieder zu justieren, aufmerksam zu werden für die vordergründig banalen Dinge des Alltags. Das Haiku leitet uns an, innezuhalten und in der uns umgebenden Natur das zu entdecken, was wichtig und wahrhaftig ist.

Haiku ist von seiner Tradition her Naturbeschreibung. Doch wo endet Natur, wo beginnt die Zivilisation? Gibt es überhaupt Wirklichkeiten, die keine Natur sind? Das Haus, aus Lehmziegeln gebaut, ist das keine Natur? Der Hinterhofgarten, der Tennisplatz, das Schwimmbad? Wohl dem Senner, der monatelang umgeben von unverfälschter Natur die Zyklen des Lebens unmittelbar erfährt, doch die Mehrzahl der Menschen befindet sich vom Morgen bis zum Abend in anderen Lebenswelten. Die alten Meister bedichteten ihre ureigenen Lebenswelten, die neuen Dichter die ihrigen.

FRISCHEABTEILUNG –
UNTERM DACH DES SUPERMARKTS
TSCHILPEN DIE SPATZEN

Der brausende Wasserfall in den schottischen Hochländern erfüllt den Wanderer mit Staunen und Demut über die Kraft der Schöpfung, aber in den noch so banalen und unspektakulären Alltagswelten schimmert immer wieder das Leben, das Sein, kurz, die Natur hindurch. Dieses Schimmern zu erkennen und festzuhalten, auch das atmet den Geist des Haiku.

Andererseits fordert die Beschäftigung mit dieser Lyrikform dazu auf, die Natur als Natur zu betrachten. Im Garten, auf den Spaziergängen und den Wanderungen am Wochenende wird im Laufe der Zeit das Auge für den Augenblick geschult, für das Auffinden des Besonderen im Banalen. Haiku-Dichten lässt uns innehalten, schauen, staunen, erkennen. Aber, ob wir im Urwald trailen oder durch Großstadtstraßen flanieren, das Haiku will Konkretheit, objektive Beschreibung, anstatt Wertung, Innensicht und Nabelschau.

Was ist Natur? Wir westlichen Menschen verharren in einem geistigen Idealzustand, wenn wir an »Natur« denken. Die Landschaft, die Caspar David Friedrich gemalt hat, die Wälder, die die Romantiker bedichtet haben, das ist in unseren Augen die »richtige« Natur. Aber Natur ist wie alles Leben wandelbar und es gibt keinen Fixpunkt, der als Definition für Natur gelten kann. Auch eine Industriebrache, mit ausgelaufenem Altöl durchtränkt, ist Natur und den ewigen Zyklen unterworfen. Jedoch, bei aller vordergründigen Abwendung, ist die allumfassende Natur, ob ländlich oder städtisch, wild oder gezähmt, das Thema, nach dem das Haiku verlangt. Nur hier offenbart sich im Kleinen das Wirken des Großen.

3. Übung: Hineinhorchen

Wir wollen uns die zwei Haiku im vorangegangenen Kapitel ein wenig genauer ansehen, wobei wir an das Gesagte in diesem Kapitel denken. Was unterscheidet die beiden Haiku bezüglich ihrer Lebenswelt? Erfüllen sie die angesprochenen Regeln, was Konkretheit und Außenschau betrifft? Können wir eine Aussage treffen, welche Bilder und weiteren Assoziationen die Haiku hervorrufen? Horchen wir hinein und lassen unsere Gedanken schweifen. Moment! Natürlich nicht, ohne diese Gedanken gebündelt und gerafft in Stichpunkten aufs Papier zu bringen.

DIE FEUERWANZEN
VERSAMMELN SICH AM ABEND
AUF DEM GARTENWEG

FRISCHEABTEILUNG –
UNTERM DACH DES SUPERMARKTS
TSCHILPEN DIE SPATZEN

Gegenwärtigkeit, Jahreszeitenbezug

Am Rande der Alpen lebte ein Bauer. Immer wenn ich ihn besuchte, sprach er von seinen Reisen, die er unternehmen wollte, wäre er erst pensioniert. Seine Augen leuchteten dann und am liebsten hätte er gleich seine Koffer gepackt. Er sparte, wo er konnte, nur um seiner späteren Reisen willen. Der Bauer starb ein Jahr vor seiner Pensionierung. Eine Frau, die ich während des Zivildienstes betreute, hatte Schmerzen beim Gehen. Sie saß zu Hause und erzählte von früher.

Wie es im Krieg war, in ihrer Kindheit, das Essen der Großmutter, die Ziegenmilch der Nachbarn. So wie es ihr Trost war, zurückzublicken, war es dem Bauern Hoffnung, nach vorne zu schauen. Und doch lebten beide nicht wirklich im Jetzt. Was nützt die Zukunft, wenn sie auch noch so viel bereitzuhalten verspricht? Was die Vergangenheit, wie rosig sie auch immer gewesen sein mag? Das Leben findet jetzt, in diesem Augenblick statt, nicht gestern oder morgen.

Dieses Wissen um den Moment, um das Hier und Heute, spiegelt sich auch im Haiku. Die Gedichtform, mit der wir uns jetzt und hier beschäftigen, ist konkret und gegenwärtig. Sie spricht von dem gerade zu erlebenden Augenblick, der mit allen Sinnen erfasst wird. In all seiner Kürze hören, sehen, riechen, schmecken und erfühlen wir den

Zeitpunkt des Entstehens und befinden uns somit in der Gegenwärtigkeit eines Haiku-Moments, der wie eine Perle auf der ewigen Kette der Zeit, des Werdens und Vergehens, aufgereiht ist.

Kigo – Schneekugel der Gefühle

Zur Verortung dieses »Jetzt« im Haiku greifen wir auf die Jahreszeitenworte (*kigo*) zurück. Erst mal. (Dieses »Erst mal« kennen wir schon aus dem Kapitel über die 17er Silbenregel, dazu später mehr). Im Japanischen existieren ganze Lexika mit Jahreszeitenwörtern. So steht der Nebel für den Herbst, die Blüten für das Frühjahr. Daneben drücken bestimmte Feiertage die Jahreszeit aus (Ostern, Advent), aber wie beim Nebel oder den Blüten rufen die Feiertage über den Jahreszeitenbezug noch vielerlei andere Assoziationen hervor. Steht der Nebel im Herbst nicht auch als Bote von Trauer und Einsamkeit? Ist der Advent nicht die Zeit der Besinnung und des Innehaltens?

So können wir uns leicht vorstellen, dass zum Beispiel das *kigo* »Blüte« (*hana*) im Japanischen eine ganze Bandbreite von Assoziationen hervorruft. Da ist das Kirschblütenfest, bei dem komplette Firmenbelegschaften sich zum Feiern in Kirschbaumhainen zusammenfinden und munter dem Reiswein zusprechen, voller Freude, den Winter endlich zu verabschieden. Ankunft also in der Blüte sehen, aber zugleich auch Vergänglichkeit und Todesahnung. Im Taoismus und Zen-Buddhismus spielt daher die Blüte als Symbol eine wichtige Rolle.

Die Blüte markiert auch, wie die Ernte oder der Schnee, einen ganz bestimmten Bereich im Zyklus der Jahreszeiten, im allumfassenden ewigen Werden und Vergehen. So weist das *kigo* mit unaufgeregter Geste stets auf die großen Kreisläufe hin, denen jeder von uns unterworfen ist.

An den oben erwähnten Beispielen »Nebel« oder »Advent« können wir leicht erkennen, auf welchen Fundus an Assoziationen sowohl der Dichter als auch der Leser bei den Jahreszeitenworten zurückgreifen kann. Das *kigo* ermöglicht demnach in nur einem Wort eine Gedankenmaschinerie auszulösen, was anders kaum möglich wäre. Daher ist es auch wichtig, sich mit den verwendeten Jahreszeitenbegriffen auseinanderzusetzen, diese genau zu betrachten und bewusst zu verwenden. Nur vordergründig wirkt das *kigo* als Einschränkung, in Wirklichkeit erweitert es unseren Blick auf den Moment ins Unendliche, gleichzeitig kann es als Stütze und Rückgrat des Haiku dienen, indem es, wie in einer Schneekugel, die ganze Sinnhaftigkeit oder das Sinnliche des Gesagten komprimiert.

DER BRUNNEN GESCHMÜCKT
MIT GRÜN UND EIERN – WASSER
FLIESST UND FLIESST UND FLIESST

4. Übung: *Kigo*

In dieser Übung wollen wir uns aktiv mit den Jahreszeitenwörtern, *kigo*, beschäftigen. Für welche Jahreszeit stehen die unten aufgeführten Begriffe, welche Assoziationen ermöglichen sie?

Begriff   **Jahreszeit**   **Assoziation**

Allerseelenfest

Kirschblüten

Walpurgisnacht

Astern

Krähen

Störche

Kaulquappen

Sonnenblumen

Gänse

Kastanien

Laub

Ernte

Raureif

Tau

Heuballen

Eule

Schmetterling

Kiyose – Liste der Jahreszeitenwörter

Viele Haiku-Dichter legen sich ein *saijiki* an – dies ist ein kunstvoll arrangiertes Wörterbuch für *kigo* mit Synonymen, Beispiel-Haiku und Bildern. Eine einfachere Ausführung, *kiyose*, beinhaltet nur Listen mit *kigo*.

Frühling	Assoziation
Kirschblüten	Neubeginn, Vergänglichkeit
Störche	Ankunft, Ende des Winters, Fruchtbarkeit
Schwalbe	Ankunft, Ende des Winters
Frosch	Lebenszyklus, Vermehrung, Vitalität
Kaulquappen	siehe Frosch
Kiebitz	Vogelzug, Lebenslust
Kuckuck	Winterende, Lebenslust, (Treulosigkeit)

Sommer	**Assoziation**
Heuballen	Hitze, Zenit des Lebens, Kraft
Sonnenblumen	Sonne, Hitze, Lebenslust, Licht
Tau	Vitalität, Reinheit
Schmetterling	Lebenslust, Fröhlichkeit, Vergänglichkeit
Grillen	Freude, Lebenslust, Hitze, Süden
Hundstage	Sommer, Hitze
Schlange	wechselwarme, wärmeliebende Tiere
Wasserfall	Vitalität, Lebensfreude
Plejaden	sommerliches Sternbild

Herbst	**Assoziation**
Allerseelenfest	Gedenken, Trauer, Abschied, Tod
Raureif	Wintermahnung, Kälte
Gänse	Abschied, Wehmut
Kastanien	Fülle, Freude, Kraft, Wärme

Astern	Abschied, Trauer
Milchstraße	herbstliche Sternformation
Mond	Sonne – Sommer, Mond – Herbst
Donner	Herbstverweis, Unruhe
Vogelscheuche	abgeerntete Felder, Abschied
Trauben	Zeit der Ernte, Reichtum
Laub	Herbst, Abschied, Trauer
Nebel	Einsamkeit, Unsicherheit

Winter	**Assoziation**
Advent	Besinnlichkeit, Innerlichkeit, Mahnung
Weihnacht	Fest der Liebe, Hoffnung
Neujahr	Neubeginn
Eule	Todesbote, Einsamkeit, Weisheit
Eisblumen	Kälte, Abgeschiedenheit
Krähen	Todesmahnung, Weisheit, Einsamkeit
Hagebutte	Farbe und Nahrung im Winter, Blut

Spannung der Bogensehne und des Haiku

Wer schon einmal bei einem *kyudo*, einem japanischen Bogenschießen zugesehen hat, war sicher erstaunt, wie langsam und fließend die Bewegungen stattfinden, den Bogen zu spannen, zu zielen, halten, schießen und im besten Fall zu treffen. Die Sehne des Bogens wird an die Schulter gezogen, der Haltearm ist gestreckt. Durch das Heranziehen der Sehne krümmen sich die Wurfarme des Bogens und laden die Sehne und damit den Pfeil mit Energie auf. Beim Loslassen schnellen Wurfarme und Sehne nach vorne in die Ausgangsposition, wobei sich der Pfeil löst und auf das Ziel zuschießt.

Der meisterliche Pfeil trifft das Ziel und durchbohrt es. Im angestrebten Ideal des *kyudo* existiert der Pfeil im Ziel und das, bevor er abgeschossen wird.

Beim *kyudo*, wie bei jedem Bogenschießen, kommen die innewohnenden Gegensätze zwischen Anspannung und Entspannung, zwischen Konzentration und Loslassen zum Tragen und ermöglichen erst diese körperlich-geistige Beschäftigung.

Auch im Haiku steckt ein Spannungselement. Diese Spannung drückt sich aus im konkreten Bild, das über sich hinausweist, im Augenblick, der an die Vergänglichkeit und damit die Ewigkeit gemahnt. Das Bleibende spricht ohne Worte vom Vergänglichen. Und ohne scheinbare Absicht schimmert ein tiefer Sinn durch die Zeilen des Gedichts.

Wie erreichen wir das? Das *kigo* hilft, indem es eine Assoziationskette ermöglicht. Darüberhinaus stehen in einem gelungenen Haiku zwei Bilder sich konträr gegenüber, die eine Spannung erzeugen. Schon in einem alten Baum, der seit zweihundert Jahre wächst und für ein paar Tage blüht, macht sich diese Spannung bemerkbar oder in einem unverrückbaren Zeitlosen, wie einem Fluss oder einem Gebirge, dem ein kleines, kurzlebiges Insekt gegenübergestellt wird, das uns durch sein Lied für einen Moment im Angesicht der Ewigkeit erfreut.

All das erzeugt Spannung, bevor unser Unterbewusstes den Pfeil abschießt. Das Fliegen und Treffen des Geschosses ist der Nachhall, der sich aus der Spannung im Haiku ergibt. Der Nachhall ist das, was uns das scheinbar geschlossene Gedicht öffnen lässt und für kurz oder lang festhält, beschäftigt, zum Schwingen bringt. Denn das gelungene Haiku sagt nicht alles. Gerade das Ungesagte, das, was zwischen den Zeilen steht, der bewusste Verzicht des Dichters auf Erklärungen, Deutungen, all das gibt dem Leser die Möglichkeit, das Haiku selbst zu beenden, indem er seine Reflexionen und Gefühle hinzufügt.

Das Ungesagte im Spannungsfeld der zwei scheinbar unvereinbaren Bilder, ausgelöst oder assoziativ durch das *kigo* verstärkt, machen das Haiku zu der Gedichtform, die eine freie Kommunikation zwischen Dichter und Leser erlaubt. Sie machen das Haiku zu dem, was es ist, zu einer Perle, klein, schimmernd, im endlosen Fluss der Literatur.

Doch springen wir wieder auf das Trockene: In der japanischen Sprache helfen sogenannte Schneidewörter (*kireji*) eine Zäsur zu schaffen und damit die Spannung aufzubauen oder zu erhöhen. Mithilfe eines *kireji* lassen sich Bestandteile des Haiku gegenüberstellen, wie das im Deutschen nicht möglich ist. Allenfalls kommt der Gedankenstrich einem Schneidewort nahe:

DAS HAUS DES WITWERS –
IM GARTENTEICH HOCHZEITEN
DES NACHTS DIE FRÖSCHE

In oben stehendem Gedicht wirkt der Gedankenstrich als Trennung, beinahe wie ein Schneidewort. Der Leser sieht das Haus des Witwers vor sich stehen, erst einmal nur das Haus. Dann kommt der Garten mit seinem Teich hinzu, darinnen das Liebesspiel der Frösche. Durch den Trennungsstrich rückt das Haus in eine entferntere Ebene im Verhältnis zu den Fröschen im Gartenteich. Ohne Trennungsstrich rückte das Haus näher an Garten und Wasser heran, womit die Spannung kleiner wäre und die Reichweite des Pfeils geringer.

Aber das soll nicht heißen, dass wir nun in jedem Haiku einen Trennungs-, Binde- oder Gedankenstrich unterbringen wollen. Das wollen wir nicht, auch die Schneidewörter im japanischen Haiku sind keine Pflichtveranstaltung und kommen gerade bei modernen Haiku immer seltener vor. Traditionell wurde im Haiku auf Satzzeichen verzichtet, aber auch das ist Schnee, der von den Zedern geschmolzen ist. Durch Lesen von möglichst vielen Haiku entwickeln wir selbst ein Gespür für die Verwendung von Satzzeichen. Jedoch wie immer beim Haiku sollen auch die Satzzeichen sparsam und wohlbedacht auf das Papier gebracht werden.

5. Übung: Ran!

Bevor die Theorie überhandnimmt, wollen wir ein paar Fingerübungen durchführen. Wir tun nun das, wofür wir dieses Buch aufgeschlagen haben: Haiku schreiben. Idealerweise gehen wir ein wenig spazieren, leeren den Geist Schritt für Schritt und versuchen, das an die Oberfläche des Bewusstseins zu befördern, was im Alltagsgeschäft üblicherweise verschüttet ist: Achtsamkeit.

Wie sieht eine Blüte aus? Was treiben die Insekten denn so? Wie sieht der Schatten auf meinem Weg aus, der Raureif auf der Wiese, der Flug des Vogels, der Bremsweg des Busses? Wie schmeckt der Kaffee, die Bratwurst mit Senf? Wie ist mein Gang, mein Atem?

Vielleicht erleben wir einen Haiku-Moment, einen Blitz der Erleuchtung, der einen Augenblick zu etwas Besonderem macht und zaghaft in die Ferne weist, vom Jetzt in die vergangenen und zukünftigen Zeiten. Gehen wir. Schauen, hören, riechen, schmecken, fühlen wir. Und wenn der Moment der Erleuchtung sich nicht einstellen will, ist es auch gut, dann dichten wir zu Hause weiter. Irgendetwas wird uns schon aufgefallen sein, was Beachtung erregt hat, schmunzeln ließ oder erschreckte. Ohne Scheu, kurz, konkret, gerne mit siebzehn Silben und einem Bezug zu den Jahreszeiten, aber keine Wertung, keinen Kommentar – der Leser ist schlauer als wir denken. Das Vornehme am Haiku ist, dass es einfach wirkt, weil wir dahinter verschwinden und nicht durch Kunstfertigkeit den Autor, uns, in den Vordergrund rücken.

Einfacher geht's nicht, ganz einfach die meisten Worte weglassen, dann bleibt ein Haiku übrig. Wenn es sein muss, auch mit Satzzeichen:

KROKUSSE VORM HAUS –
ENDLICH DIE ERSTE BIENE!
RUFT FRÖHLICH DAS KIND.

6. Übung: Redaktion

Der beste Rat zum Haiku-Schreiben heißt: bequeme Schuhe. Gehen, in Feld und Wald, in Allee und Fußgängerzone. Gehen, offenen Auges gehen. Oder im Kopf spazieren. Aus erlebten, aufmerksamen Momenten schöpfen und dies in Haiku-Formen gießen.

Viele Haiku schreiben, viele lesen. Das wäre der zweite gute Rat. Vorteilhaft, wenn die eigenen Haiku liegen, ein klein wenig Edelschimmel ansetzen, um dann wieder gelesen zu werden, Abstand lässt die Augen und das Herz objektiver blicken.

Keine Scheu. Die eigenen Haiku immer wieder angehen, ihrer Form misstrauen und Hand anlegen. Kürze, Konkretheit, Gegenwärtigkeit und Offenheit sind die Säulen des Haiku-Tempels. Habe ich sie beachtet? Das sollten wir uns bei der redaktionellen Arbeit an unseren Haiku immer wieder fragen. Welche Form habe ich benutzt? Ist die Silbenanzahl korrekt oder habe ich zu viel in mein Haiku gepackt? Vergessen wir nicht, dass das Haiku ein leichtfüßiger Gesell ist, der keinen schweren Rucksack tragen möchte. Siebzehn Silben, besser weniger. Wir müssen neben der Kürze aber auch auf die Melodie achten. Die Melodie und der Rhythmus geben dem Haiku erst die eigene Eleganz.

Neben Kürze, Melodie und Rhythmus schauen wir auf die verwendeten Wörter und den Satzbau. Sage ich das, was ich sagen will direkt, bin ich konkret? Oder wirkt mein Haiku umständlich, gekünstelt, girlandenhaft verziert? Fragen, die wir uns ehrlich beantworten müssen. Nicht der Dichter oder die Autorin soll gefeiert werden in der Schönheit oder Verspieltheit des Ausdrucks, sondern das Reine, Klare, Einfache in Sinn und Wort. Der Dichter tritt zurück, nachdem er seine Worte aufs Papier gepinselt hat und schweigt.

Gegenwärtigkeit und *kigo*. Steht und spielt das Haiku jetzt, im Präsens, in einer Zeitebene? Bezüge zur Vergangenheit oder Zukunft sind natürlich möglich, können sehr interessant sein, doch die Stimme im Gedicht spricht momentan. Wie steht es mit dem *kigo*? Ist die Jahreszeit erfassbar? Welche Rolle spielt das *kigo* in unserem Haiku?

IM SOMMERMORGEN –
DIE HITZE VOLLENDET NUN
DIE SONNENBLUME

Was ist schief gelaufen in dem Sommer-Haiku in Bezug auf das *kigo*? Welches Wort macht die Jahreszeit fest? Sommermorgen zuvorderst, dann aber auch die Hitze und zu guter Letzt finden wir eine Sonnenblume, die allein auch als Bezug für den Sommer steht. Dreimal, um sicher zu gehen, dass wir Sommer haben! Im Haiku soll nur ein Jahreszeitenbezug stehen. Das reicht, ein Haiku soll kurz sein, Dopplungen können als gestalterisches Moment vorkommen, als Verstärkung für einen Sinn, aber nicht als bloße Redundanzen.

Haben wir all das beachtet und überprüft und gegebenenfalls überarbeitet, lauschen wir auf den Nachklang unseres Gedichtes. Lebt es weiter im Leser, wirft es Fragen auf, arbeitet es? Im Rhythmus wirkt das Haiku vordergründig geschlossen, im Sinn soll es offen sein. Alle Kommentare ersparen wir uns für anderweitige Vorhaben, in der Haiku-Lyrik sind sie fehl am Platz. Kommentare, Erläuterungen verschließen den Sinn, verstopfen das Offene des Endes. Die Leserin will selbst die Gefühle erfahren, nicht dazu angehalten werden, der Leser will den tieferen Sinn selbst erkennen, nicht darauf hingewiesen werden. Lasst uns offen bleiben.

DIE SONNE GEHT AUF –
DER REIHER VERNEIGT SICH TIEF
IM SCHNABEL EIN FISCH

Wir wollen kritisch obiges Haiku betrachten. Wir zählen die Silben, sind es mehr als siebzehn? Lesen wir es auch einmal laut, um den Klang besser zu erfassen.

Die Siebzehner-Regel ist eingehalten, die Jahreszeit ist der Sommer, allein durch die Sonne fixiert, wenn nichts anderes dabei steht, wie zum Beispiel »Herbstsonne.« Das Haiku ist offen, die Leser finden, obwohl das Gedicht konkret und einfach ist, eine tiefere Ebene, sachte angeleitet durch das Wort »verneigt sich«. Doch mit der Interpretation dieses Haiku befassen wir uns in einem späteren Kapitel intensiver. Jetzt geht es um den Klang, den Rhythmus des Haiku.

Hier stimmt etwas nicht! Lesen wir es noch einmal laut. Bei seiner Verneigung kommt der Reiher etwas zu tief in das Wasser, ist zu befürchten. Das »tief« am Ende der zweiten Verszeile stolpert aus dem Rhythmus und bohrt sich in den Grund des Flusses. Dies geschieht bei einer zu strikten Einhaltung der Silbenregel. Nun das gleiche Haiku ohne Grundbohrung des Schnabels. Wir lesen das Haiku wieder laut und nun verneigt sich der Reiher nicht mehr ganz so tief, dafür aber in einer flüssigen Bewegung, elegant.

DIE SONNE GEHT AUF –
DER REIHER VERNEIGT SICH
IM SCHNABEL EIN FISCH

»Erst mal nicht«

Im Kapitel »Erst mal« wurde bereits angedeutet, dass alles mühsam Gelernte im Kapitel »Erst mal nicht« über den Haufen geschmissen und vollkommen anders gemacht wird. An diesem Punkt wären wir nun angelangt und stellen fest, dass der Sturm im Wasserglas ausbleibt. Warum also nicht nach dem biblischen Motto verfahren: Prüfet beides, das Gute behaltet?

Seit Bashô, in dessen Hütte wir uns später ein wenig setzen wollen, gab es immer Strömungen, die versuchten, dem Haiku das Korsett aufzuschnüren. Die traditionelle Form des Haiku, in siebenzehn Lauteinheiten geschrieben, wurde schon immer, mal mehr, mal weniger, durchbrochen.

Im Zuge der *Meiji*-Restauration Ende des neunzehnten Jahrhunderts, als Japan sich dem Westen öffnete, gab es Schulen, die die traditionelle Form der Haiku-Dichtung infrage stellten und neue Formen ausprobierten. Der Mensch erkannte sich als individuell und wollte dies in einer freien Lyrikform ausdrücken. Gegen die Reform gab es Gegenreformen und alle freien literarischen Ansätze wurden unterdrückt.

Die freie, die *gendai*-Dichtung überlebte alle Versuche der Unterdrückung und bestand neben der traditionellen Form fort. Schlimm wurde es für die *gendai*-Dichter in den Jahren vor und während des Zweiten Weltkrieges. Japan schottete sich nach außen ab und versuchte, die nationale Identität zu stärken. Dies ging bis in das kulturelle Selbstverständnis. Traditionelle Werte wurden hochgehalten, die klassische Dichtkunst allein durfte bestehen. *Gendai*-Dichter wurden verfolgt und interniert, ihre Werke verboten.

Auch nach dem Krieg hatte es die freie Dichtung schwer. Wie in der deutschen Literatur nach 1945 suchten die Dichter einen Neuanfang. Gleichzeitig war das Feindbild noch fest im japanischen Denken verankert. Die schrecklichen Folgen der Atombombenabwürfe wirkten lange im japanischen Volk nach und schufen eine Atmosphäre der Ablehnung westlichen Gedankengutes.

Die *gendai*-Dichtung wollte Ressentiments überwinden, Traditionen hinterfragen und zu neuen Ufern aufbrechen. Das starre Kastenwesen lockerte sich allmählich und die Sehnsucht nach Eigenständigkeit machte sich auch in der Haiku-Dichtung und dem Aufbrechen der festen Formen bemerkbar. Eine lebendige *gendai*-Szene entstand trotz vieler Widerstände von oben und vonseiten der Gesellschaft. Heute ist die freie Haiku-Dichtung neben der traditionellen gleichermaßen anerkannt und die gefochtenen Kämpfe sind kaum noch vorstellbar.

Dass bei uns in erster Linie die traditionelle Form der Haiku-Dichtung bekannt ist, liegt wohl auch an unserem Bild von Japan, das wie viele Bilder auf Klischees beruht. Die bereits angesprochene Sehnsucht des westlichen Menschen wird von Bildern und nicht von Wirklichkeiten gestillt. So ist die strenge Form der Dichtung, wie die ernste Ausprägung aller japanischen Künste uns erst einmal näher als die freie, verspielte – die haben wir selbst, sozusagen.

    Das alles soll nur als Hintergrund dienen, einen Haiku-Weg zu finden, der zu uns passt. So ist es jedem freigestellt, auf die Siebzehner-Regel zu verzichten, Jahreszeitenbezüge zu vernachlässigen und Haiku nach eigenem Geschmack und Regelwerk zu dichten. Kurz soll es sein, konkret, offen. Der Rest ist persönlicher Stil, der die eigene Handschrift offenbart. Auch die Themen, im Traditionellen eher Natur und Äußeres, sind in der *gendai*-Dichtung Richtung Innerlichkeit, Gefühl und Emotion gerutscht. Alles kann, nichts muss.

BLIND DATE AM DENKMAL
ÜBER IHR EIN REGENBOGEN

7. Übung: Traditionell – Frei

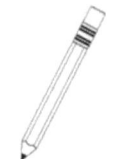

Wir picken uns aus der Liste der Jahreszeitenwörter drei Begriffe heraus und schreiben zu jedem Begriff ein traditionelles und ein freies Haiku.

Frühling	Assoziation
Kirschblüten	Neubeginn, Vergänglichkeit
Störche	Ankunft, Ende des Winters, Fruchtbarkeit
Schwalbe	Ankunft, Ende des Winters
Frosch	Lebenszyklus, Vermehrung, Vitalität
Kaulquappen	siehe Frosch
Kiebitz	Vogelzug, Lebenslust
Kuckuck	Winterende, Lebenslust, (Treulosigkeit)

Sommer	**Assoziation**
Heuballen	Hitze, Zenit des Lebens, Kraft
Sonnenblumen	Sonne, Hitze, Lebenslust, Licht
Tau	Vitalität, Reinheit
Schmetterling	Lebenslust, Fröhlichkeit, Vergänglichkeit
Grillen	Freude, Lebenslust, Hitze, Süden
Hundstage	Sommer, Hitze
Schlange	wechselwarme, wärmeliebende Tiere
Wasserfall	Vitalität, Lebensfreude
Plejaden	sommerliches Sternbild

Herbst	**Assoziation**
Allerseelenfest	Gedenken, Trauer, Abschied, Tod
Raureif	Wintermahnung, Kälte
Gänse	Abschied, Wehmut
Kastanien	Fülle, Freude, Kraft, Wärme

Astern	Abschied, Trauer
Milchstraße	herbstliche Sternformation
Mond	Sonne – Sommer, Mond – Herbst
Donner	Herbstverweis, Unruhe
Vogelscheuche	abgeerntete Felder, Abschied
Trauben	Zeit der Ernte, Reichtum
Laub	Herbst, Abschied, Trauer
Nebel	Einsamkeit, Unsicherheit

Winter	**Assoziation**
Advent	Besinnlichkeit, Innerlichkeit, Mahnung
Weihnacht	Fest der Liebe, Hoffnung
Neujahr	Neubeginn
Eule	Todesbote, Einsamkeit, Weisheit
Eisblumen	Kälte, Abgeschiedenheit
Krähen	Todesmahnung, Weisheit, Einsamkeit
Hagebutte	Farbe und Nahrung im Winter, Blut

Zen und Haiku

Was ist Zen? Eine bekannte Geschichte versucht, an den Kern dieser Philosophie zu kommen. Ein junger Mann kommt zu einem Zen-Meister, der in *zazen*-Haltung am Boden sitzt und bittet ihn um Unterweisung. Der Meister heißt ihn, sich zu setzen. Sie sitzen und schweigen. Das geht eine Weile so, bis der angehende Schüler unruhig wird. Er blickt den Meister fragend an, worauf dieser sagt: »Nichts wird mehr passieren. Das ist alles.« Ist das wirklich alles?

Karl Valentin, auf den Namen eines ihm entfallenen Medikaments gebracht, sagte über das komplizierte Wort: »So einfach und doch so schwer.« Ähnliches könnte man über Zen-Buddhismus sagen. Nach seinem Wesen befragt, antwortete ein Meister: »Zen ist ein Haufen Kehricht.« In dieser scheinbar ungehaltenen Aussage steckt natürlich mehr, als es der erste Blick vermuten lässt. Zen oder Zen-Buddhismus ist überall und nirgends, also auch im Kehricht. Die Lehre wurde schriftfrei weitergegeben ohne weitere verbindliche Vorschriften. Scherzhaft heißt es: »Herumsitzen ohne sich Gedanken zu machen«. Dieser Spruch beinhaltet die wesentlichen Punkte. *Zazen*, die Sitzmeditation, bei der der Geist leer werden soll. Die unaufhörliche Flut der Gedanken soll beim *zazen* zur Ruhe kommen, dann kann Stille und Leere erlebt werden. In dem Erleben des Nichterlebens begibt man sich auf den weglosen Weg und kommt an das torlose Tor, heißt es. Dahinter allerdings ist kein Ziel, denn der Zen-Buddhismus hat kein eigentliches Ziel. Aber etwas mehr steckt dann doch dahinter. Dazu einige Zitate von Zen-Meistern:

»*Zen ist keine irgendwie besondere oder verfeinerte Lebenskunst. Unsere Lehre heißt: einfach leben, immer in der Realität, in deren genauem Sinn.*« (*Shunryu Suzuki*)

»*Primäre Aufgabe des Zen-Schülers ist die fortgesetzte, vollständige und bewusste Wahrnehmung des gegenwärtigen Moments, eine vollständige Achtsamkeit ohne eigene urteilende Beteiligung.*« (*Samadhi*).

»*Zen ist nicht etwas Aufregendes, sondern Konzentration auf deine alltäglichen Verrichtungen.*« (*Shunryu Suzuki*)

»*Die Methode des Zen besteht darin, in den Gegenstand selbst einzudringen und ihn sozusagen von innen zu sehen. Die Blume sehen heißt, zur Blume werden, die Blume sein, als Blume blühen und sich an Sonne und Regen erfreuen. Wenn ich das tue, so spricht die Blume zu mir, und ich kenne alle ihre Geheimnisse. Und nicht nur das: Gleichzeitig mit meiner ‚Kenntnis' der Blume kenne ich alle Geheimnisse meines eigenen Ichs, das mir bisher mein Leben lang ausgewichen war, weil ich mich in eine Dualität, in Wahrnehmenden und Wahrgenommenes, in den Gegenstand und Nicht-Gegenstand, geteilt hatte. Kein Wunder, dass es mir niemals gelang, mein Ich zu erfassen. Und jetzt kenne ich jedoch mein Ich, indem ich die Blume kenne. Das heißt, indem ich mich in der Blume verliere, kenne ich mein Ich ebenso wie die Blume.*« (*Daisetz Teitaro Suzuki*)

»Es gibt einen einfachen Weg Buddha zu werden: Tue nichts Schlechtes, halte nicht an Leben-und-Tod fest, habe tiefes Mitgefühl mit allem Lebenden, respektiere die über dir und nimm dich der unter dir an, hege gegen nichts Abscheu, berge keine Wünsche in deinem Herzen, trage dich nicht mit Gedanken und mache dir keine Sorgen. Das nennt man einen Buddha. Suche nach nichts anderem.« (Shôbôgenzô Shôji)

Auf der Suche nach dem »*nichts anderem*« kommt der Zen-Mensch unweigerlich wieder an den Anfang, denn der Anfang wohnt dem Ende inne. So ist auch der Kreis das Sinnbild für den Zen-Weg schlechthin. Das *Ensô*, der Kreis, ist eines der häufigsten Zeichen in der japanischen Kalligrafie. Es symbolisiert Erleuchtung, Anmut, Vollkommenheit, das Universum und die Leere, kann aber auch als »Ausdruck des Moments« aufgefasst werden.

Damit kommen wir zum Haiku, das auch den Augenblick beleuchtet. Zen und Haiku haben große Gemeinsamkeiten. Die Askese, das Einfache, der geschärfte Blick auf das Alltägliche. Aber das Haiku ist sicher auch ohne die Zen-Philosophie vorstellbar. Die Wurzeln sind unterschiedlicher kaum denkbar. Philosophie und Religion auf der einen Seite, ursprüngliche Lust am Dichten und die satirische Verballhornung der höfischen *renga*-Dichtung auf der anderen Seite (erst durch Bashô verheiraten sich Ernsthaftigkeit und Tiefsinn nachhaltig mit dem Haiku). Der Begründer der traditionellen Haiku-Dichtung, Bashô, war Mönch. Er strebte nach Wahrheit, Aufrichtigkeit und Askese. Da sein Name uneingeschränkt mit dem Haiku verbunden ist, verwundert es nicht, dass die Haiku-Dichtung gerne mit dem Zen-Buddhismus in Verbindung gebracht wird. Besonders außerhalb Japans ist dies der Fall. Vor allem in Amerika, als die *new age*-Generation die fernöstlichen Philosophien für sich entdeckte und die Haiku-Lyrik in Mode kam, wurde Zen und Haiku verschwistert. Dem westlichen Blick schmeichelt der philosophische Überbau des Haiku, aber ist er nötig; sind die Haiku-Gedichte nicht auch ohne Zen und Metaphysik kleine, leuchtende Edelsteine im Fluss des Lebens?

8. Übung: Das Zen-Haiku

Wir wollen versuchen, ein Zen-Haiku zu schreiben. Ein Haiku, das Anklänge an die Zen-Philosophie hat, auch wenn das Haiku vielleicht nichts mit Zen zu tun hat. Viele Haiku haben unwissentlich mit Zen-Gedanken zu tun, denn ein gutes Haiku, das den Moment begreift, weist auf die Ewigkeit hin, ist knapp, treffend und wahrhaftig formuliert, wie die Philosophie des Zen. Falls uns nichts Tiefsinniges einfällt, beschreiben wir einen Kreis oder das Malen desselben, auch das ist Zen, da Zen alles ist.

Ein Ausflug in die Geschichte des Haiku, so kurz, dass er fast selbst schon Geschichte ist

So jung und modern das Haiku auch anmuten mag, aber es ist auf uralten, knorrigen Wurzeln im Boden der Literatur verankert. Bereits im 4. Jahrhundert unserer Zeitrechnung war es in höheren, japanischen Kreisen Brauch, sich mit Kettengedichten zu unterhalten. Diese Gedichtform fußte auf strengen Regeln, die die Teilnehmer zu beachten hatten.

Ein herausragender Dichter machte den Anfang. Mit einem Vers eröffnete er die Zusammenkunft, gab das Thema vor und überließ es den Anwesenden, das Gedicht weiter zu weben. Der Anfangsvers, *hokku*, bestand bei den *renga*, wie die Kettengedichte genannt wurden, aus zwei Wortgruppen, meist in zwei Zeilen oder Spalten, die von drei Verszeilen abgelöst wurden.

Die Zahl der Lauteinheiten oder Silben entsprach den heutigen, klassischen Haiku. Ein *renga* konnte offen sein oder aber eine bestimmte Anzahl von Versen enthalten. Daneben gab es das *tanrenga*, das aus einem dreizeiligen *hokku* bestand und von einer zweizeiligen Antwort vervollständigt wurde. Diese fünfzeiligen *tanrenga* erfreuten sich großer Beliebtheit und sickerten in die einfacheren Gesellschaftskreise ein. Oft waren diese Gedichte lustig oder auf eine Verballhornung der feudalen Kreise gemünzt. Doch diese Trivialisierung ging nur allmählich vonstatten und die feste Form der Kettendichtung hielt sich über Jahrhunderte.

Die Menschen waren in unverrückbare Kastensysteme eingebunden und Ausbrüche oder Veränderungen im Leben waren nicht vorgesehen. So hielten sich auch kulturelle Vorlieben lange unverändert, was auch die feste Form der Dichtung beinhaltete. Etwa im 17. Jahrhundert verselbstständigte sich der erste Abschnitt im *tanka* und emanzipierte sich zu einer eigenständigen Gedichtform, dem *haikai*, das später Haiku genannt wurde.

Vor allem Bashô, ein buddhistischer Mönch, machte das Haiku zu dieser Zeit populär. Seine Kunst und der folgende Ruhm waren so groß, dass er bis heute als der größte Haiku-Dichter überhaupt gilt. Weitere *haijin*, Meister der Haiku-Dichtkunst, verhalfen der lyrischen Kurzbetrachtung zur allgemeinen Anerkennung. So sind die Namen Issa, Buson und Shiki untrennbar mit dem Haiku verbunden und zählen mit Bashô zu den »Großen Vier«, die zuvorderst genannt werden, wenn es um eine geschichtliche Betrachtung der Haiku-Dichtung geht.

So modern und zukunftszugewandt und großteils von seiner uralten Kultur losgelöst sich die japanische Gesellschaft heute darstellt, so innig ist das Haiku noch immer mit dem Alltag des Inselstaates verwoben. Es gibt mehrere Tausend Haiku-Zeitschriften, die teils den klassischen Haiku den Vorzug geben oder sich der *gendai*-Form, also dem modernen, eher regelfreien Haiku zuwenden.

Der Japaner, der heute Haiku schreibt, ist entfernt mit unseren Fußballfans zu vergleichen. Die einen sehen sich hin und wieder ein Spiel im Fernsehen oder auf dem Platz an, die anderen tun dies regelmäßig, wobei Lust und Freude dabei im Vordergrund stehen, sie verpassen kein Spiel, komme, was wolle, und identifizieren sich mit ihrem Verein. Für diese Art von Fans bedeutet der Fußball nationale Identität und beinhaltet Abgrenzung zu anderen Vereinen oder auf höherer Ebene zu anderen Ländern und Nationen.

Ähnliche Facetten kann man bei den aktiven Haiku-Dichtern im Ursprungsland dieser Dichtform finden. Vom anspruchslosen Hobbydichter bis zum Bewahrer nationaler Eigenheiten finden sich die verschiedensten Verfechter des Haiku. Doch trotz seiner Beständigkeit in der kulturellen Seele Japans ist das Haiku mittlerweile auch andernorts nicht nur angekommen, sondern hat sich eingelebt, angepasst und verselbstständigt. Wer denkt schon beim Genuss von Kartoffeln an Südamerika? Ganz so ist es mit dem Haiku natürlich noch nicht und gerade seine Wurzeln und kulturellen Hintergründe machen das Haiku auch so sympathisch.

In Amerika ist das Haiku seit den sechziger Jahren des letzten Jahrhunderts fest verankert. Es hat mittlerweile sogar schon Eingang in den Schulunterricht gefunden, wird getanzt, fotografiert und assimiliert. In der Zeit, als das Haiku an die Gestade der Vereinigten Staaten gespült wurde, war der junge Teil dieser Gesellschaft auf der Suche nach neuen Inspirationen. Die Beatgeneration, die Blumenkinder, die Aussteiger und alle anderen Sinnsuchenden, die durch Vietnamkrieg und wirtschaftliche Krisenstimmung verunsichert waren, wollten ein anderes, spirituelles Amerika. Bewusstseinserweiternde Drogen, Spiritualismus und Zen-Buddhismus waren groß in Mode. Die amerikanischen GIs brachten Bilder und Geschichten aus Asien mit nach Hause und im Gepäck befand sich auch ein Kleinod, das Haiku. Alles wurde vermengt und filtriert und für die amerikanische Popkultur eingängig und verwertbar gemacht.

So klebt am Haiku bis heute der Ruf, eng mit dem Zen verbunden zu sein. Parallelen sind augenscheinlich, aber im Ursprungsland ist diese Verbindung wohl nie beabsichtigt gewesen. Wie dem auch sei, hat das Haiku einen festen Platz in der amerikanischen Literatur erhalten, was sich an der großen Zahl von Haiku-Zeitschriften und Veröffentlichungen zeigt.

Hierzulande ist das Wort Haiku für viele ein Fremdwort, dessen Sinn sich nicht erschließt. Aber wie es scheint, macht sich die kleine Gedichtform in allen westlichen Ländern breit, bescheiden, still und sympathisch. Dies geschieht seit einigen Jahrzehnten recht unbemerkt. Wie viele Neophyten, die anfangs übersehen werden, gehört auch das Haiku mittlerweile, ähnlich dem indischen Springkraut in der deutschen Auenlandschaft, zu unserer literarischen Flora. Der eher einseitige Kulturtransfer von Amerika zu uns hat dabei einen erheblichen Anteil. Die englischsprachigen Haiku sind für uns lesbar und verständlich, ganz im Gegenteil zu den japanischen Haiku, was auch auf den Zugang zu den modernen Lebenswelten dieser Länder zutrifft. Aber nicht erst durch die amerikanische Kulturinvasion ist das Haiku in unsere Sprache gesickert, vielmehr sind Ansätze der Einbürgerung schon sehr lange feststellbar. Bereits um 1900, als Existenzialismus, Spiritualismus und die frühe Psychologie gefeiert wurden, ergriff eine vage Furcht vor der Industrialisierung und deren Folgen die Menschen. Man blickte nach Osten, in Richtung der aufgehenden Sonne. Es gab einen regelrechten Japan-Hype, der sich in der Literatur, Philosophie und Architektur niederschlug. So kam auch die japanische Dichtung nach Deutschland und wurde in elitären Zirkeln als bestaunenswerter Neuankömmling gehätschelt und gepflegt.

Die literarisch-virulente Dosis war aber wohl zu gering, als dass sich das Haiku hätte halten können und es dauerte rund sechzig Jahre, bis diese Dichtform einen neuen Boom erlebte und sich endgültig etablieren konnte. Dazwischen erlebte es noch eine kurze Blüte in den Zwanziger Jahren des letzten Jahrhunderts. Durch den französischen Impressionismus und die dortige »*hai-kai*«-Mode beschäftigten sich große Literaten und Dichter wie Franz Blei, Ivan Goll und Rainer Maria Rilke mit dem Haiku. Aber auch durch diese großen Namen protegiert, fand das kleine, strahlende Gedicht vorläufig keinen Einzug in die literarische Volksseele.

HAST DU SO SEHR GEWEINT?
NACH ZWANZIG JAHREN ABSCHIED
REGNET ES NOCH
(Ivan Goll)

9. Übung: Das Gestern-Haiku

Haiku stehen im Präsens, sie beleuchten den Augenblick. Kommt Zukunft oder Vergangenheit im Haiku vor, werden diese vom Moment, also dem Jetzt und Hier betrachtet. Das Imperfekt oder das Futur beziehen sich auf das Präsens und werden als das begriffen, was sie sind, vergangen, beziehungsweise noch nicht gegenwärtig – wir leben im Hier und Heute, nicht gestern oder morgen. In dieser Übung versuchen wir, ein Haiku zu schreiben, das sich auf die Vergangenheit (oder die Zukunft) bezieht, aber im Augenblick lebt.

Siehe dazu das Gedicht von Ivan Goll im vorhergehenden Kapitel.

Die großen Vier

Bashô, Buson, Issa und Shiki gelten als die vier großen *haijin* der japanischen Haiku-Dichtung. Wir wollen ein wenig Zeit mit ihnen verbringen und sie dabei etwas besser kennenlernen.

Die Fackel trägt unkündbar Bashô voran, daher besuchen wir ihn zuerst in seinem Häuschen aus Bananenblättern.

Bashô

Matsuo Bashô (1644 - 1694) ist noch heute jedem Japaner ein Begriff. Es gibt wohl keinen Haushalt, in dem nicht eine Ausgabe seiner Wandertagebücher »Auf Nebenpfaden durchs Hinterland« zu finden ist. In einer kurzen Biografie steht: »Bashô ist Haiku und Haiku ist Bashô«. Dem kann unumwunden zugestimmt werden. Bashô extrahierte das Haiku aus der *renga*-Dichtung, beziehungsweise fügte der bereits hin und wieder isolierten Form eine ernsthafte Note und die intensive Naturbetrachtung hinzu.

Bashô war eigentlich ein Mönch, daher wird noch heute das Haiku als eng verwandt mit dem Zen-Buddhismus bezeichnet. Er lebte in einer kleinen Hütte aus Bananenblättern im Garten eines Gönners und nahm den Namen der Bananenstaude »Bashô« an, um seine Verbundenheit mit dieser Lebensweise zu demonstrieren. Bashô unternahm mehrere große Wanderungen durch Japan. Teils monatelang.

Die Tagebücher, deren einzelne Kapitel häufig mit einem Haiku gekrönt sind, gehören zu den bekanntesten Beispielen der *haibun*-Dichtung. Seine Wanderungen dokumentieren über achthundert Gedenksteine, die auf seinen Routen zu finden sind.

In die Steine sind bestimmte Haiku von Bashô eingemeißelt, die auf die jeweilige Station hinweisen. Lobpreisen wir ein Land, das sich so seiner Dichter annimmt! Bashô kam vom Zen-Buddhismus zum Haiku. Er versuchte eine Verbindung von Natur, Zen und Poesie zu finden, die sich im Haiku äußerte. Dieses Streben, diesen umfassenden Lebensstil nannte Bashô den Weg der Poesie (*kado*). Doch so abgeklärt der Name Bashô klingen mag, dahinter steckte ein suchender Mensch. Auf seinem langen Weg der Poesie wurde er Mönch, gründete ein Kloster, verließ dieses, heiratete, trennte sich und durchlitt heftige Phasen der Einsamkeit und Sinnsuche. Das alles macht ihn zutiefst menschlich und zeitgemäß. Eines seiner berühmtesten Haiku lautet:

AUF DÜRREM AST
SITZT REGLOS EINE KRÄHE –
EINSAMER HERBSTABEND

Dieses viel zitierte Haiku spiegelt ein düsteres Bild eines Herbstabends, tiefe Einsamkeit, Aufsichgeworfensein und Verzweiflung trotz dem Eingebundensein in die ewigen Kreisläufe des Werdens und Vergehens. Und das alles auf solch kleinem

Raum. Ein großes Bild mit wenigen Pinselstrichen gezeichnet.

Buson

Yosa Buson (1716 - 1784) war ein bedeutender Maler und Haiku-Dichter. Nach dem Tod seines Lehrmeisters unternahm er ausgedehnte Fußreisen gemäß seinem Vorbild Bashô. Nach langen Wanderjahren ließ er sich im Alter von 42 Jahren in Kyoto nieder, wo er heiratete und Vater einer Tochter wurde. Er lehrte die Kunst der Poesie und betonte den Stellenwert des Haiku in der japanischen Dichtung. Dabei verfolgte und erreichte er eine Rückbesinnung auf Matsuo Bashô. Bis zu seinem Tod stand er vielen Dichterkreisen vor und redigierte Tausende Haiku seiner Schüler.

RAPSBLÜTEN –
IM OSTEN DER MOND
DIE SONNE IM WESTEN

Das anfangs bereits erwähnte Haiku von Buson strahlt über die Zeiten in goldenem Licht. Das Hauptgestirn, die Sonne, die für die Hitze, den Tag, das Männliche, Wandelbare steht, findet sich in diesem Bild gegenüber dem Mond, der das weibliche Prinzip, die Kühle, Nacht und Beständigkeit repräsentiert. Der ewige Kreislauf der Gestirne, das Unwandelbare, kontrastiert mit den vergänglichen Blüten eines Rapsfeldes.

Wer sich ein blühendes Rapsfeld vor Augen hält, weiß, wie sehr der Raps an sich über eigene Leuchtkraft verfügt, was ihn gegenüber Sonne und Mond beinahe autark macht, doch nur für die kurze Zeit der Blüte. Dieser Haiku-Moment drückt in seiner klaren Konkretheit und Kürze das Leben an sich aus, mit all seinen Gegensätzen (Yin und Yang), die das Leben erst möglich machen und hervorbringen.

Issa

Kobayashi Issa (1763 - 1828) war ein überaus produktiver *haijin*. Mehr als 20.000 Haiku sind in seinem Nachlass zu finden. Er war ein Mensch, der seinen eigenen Weg suchte, suchen musste. Da er aus einer sehr armen Familie stammte, waren ihm zeitlebens viele Tore verschlossen. Zu seiner bescheidenen Herkunft kamen mehrere Schicksalsschläge. So verlor er früh seine Frau und seine Kinder.

Doch trotz aller Widrigkeiten im eigenen Leben, hatte er eine große Liebe zu allem Sein. Selbst die kleinsten Tiere am Wegrand beschenkte er mit seiner Aufmerksamkeit. Seine Haiku zeugen von diesem Gefühl der Demut gegenüber allem Leben und fanden Eingang in alle Kreise der Gesellschaft.

DIE KLEINE SCHNECKE
GANZ LANGSAM STEIGT SIE HINAUF
AUF DEN BERG FUJI

Er emanzipierte sich auf seinem Weg des Haiku von althergebrachten Formen und verließ häufig das strenge Schema der vorgegebenen Lauteinheiten, blieb dabei kurz und konkret und schuf Haiku voller Hintersinn und Humor. Issa stand zu seiner Herkunft und dichtete auch selbstironische Haiku, die die Armut zum Thema haben, was ihn bei den einfachen Menschen sehr beliebt machte. Dabei blieb er stets fröhlich, bescheiden und voller Liebe zur Kreatur und zur Natur.

Shiki

Masaoka Shiki (1867 - 1902) hieß eigentlich Masaoka Tsunenori und wurde in eine gelehrte Familie hineingeboren. Als er vier Jahre alt war, verstarb sein Vater und der Großvater nahm ihn in seine Privatschule, wo er in chinesischer Literatur unterrichtet wurde. Später studierte Shiki Philosophie und Japanologie, arbeitete bei einer Zeitung und veröffentlichte zahlreiche Essays zur japanischen Literatur.
Er trat als Schriftsteller und Literaturkritiker hervor und begann früh mit der Haiku-Dichtung. Dazu schrieb er einige Bücher, unter anderem eine Biografie über Matsuo Bashô. Shiki erneuerte die Haiku- und *tanka*-Dichtung und begründete die Haiku-Zeitschrift *Hototogisu*, die noch heute das führende Organ der klassisch geprägten Haiku-Literatur ist.
    Shiki war ein begeisterter Baseball-Spieler, bis 1889 seine Krankheit ausbrach: Nach einer längeren

Hustenphase spuckte er plötzlich Blut, mit zweiundzwanzig Jahren wurde bei ihm Tuberkulose diagnostiziert. Erst von da an nannte er sich Shiki, was Gackelkuckuck bedeutet. Der Gackelkuckuck singt mit weit offenem Schnabel und herausgereckter Zunge, die dunkelrot gefärbt ist. Im Volksmund heißt es, der Kuckuck singe, bis er Blut speit, daher Shikis Pseudonym. Er bediente sich noch einer ganzen Reihe von Künstlernamen, wobei Shiki der bekannteste ist.

Im Zuge seiner Haiku-Forschungen und Lehrtätigkeit unterrichtete er zahlreiche Schüler, darunter Kawahigashi Hekigoto und Takahama Kyoshi. Nach seinem Tod schlugen die zwei Meisterschüler verschiedene Wege ein. Hekigoto wollte das Haiku auf eine freie, ungebundene Bahn führen, Kyoshi strebte den Weg des klassischen Haiku an und übernahm die Zeitschrift Hototogisu, was im Japanischen ebenfalls Gackelkuckuck bedeutet. Kyoshi war ein Gegner der seit der Meiji-Reformbewegung ausgelösten Hinwendung zum Westen und benutzte die Dichtung als Instrument zur Aufrechterhaltung der japanischen Identität. Er traf mit seinen Ansichten bei den Regierenden auf offene Ohren und war nicht unbeteiligt an den Verfolgungen der freien oder *gendai*-Dichter während des Zweiten Weltkrieges.

Doch zurück zu Shiki. Trotz seiner angeschlagenen Gesundheit publizierte er weiter und schrieb noch auf seinem Totenbett Abhandlungen zur Literatur (»*Skizzen eines Liegenden*«). Er verstarb am 9. September des Jahres 1902 mit nur vierunddreißig Jahren. Sein Todestag wird im Japanischen aufgrund seines Sterbegedichtes »Schwammkürbis-Trauertag« genannt.

DER SCHWAMMKÜRBIS BLÜHT –
ICH WERDE ZU BUDDHA,
DEM DER AUSWURF DEN ATEM NAHM

Gedichte,
in einem Atemzug gelesen

Neben dem Dichten von Haiku sollten wir immer wieder Haiku von anderen Autoren lesen, wobei auch wenig gelungene lehrreich sein können. Dies schult Auge und Ohr und schärft den Verstand für Haiku-Momente und die Schönheit dieser Lyrikform. Daher sind im Folgenden Beispiele abgedruckt und kurz interpretiert, die sowohl der besseren Verständlichkeit als auch zur Anschauung wie Interpretation dienen können.

Einige Haiku sind uns schon während der Lektüre des Buchs begegnet, andere sehen wir hier zum ersten Mal. Alle diese Haiku stammen vom Verfasser, um Urheberrechte und Befindlichkeiten nicht zu verletzen; Ausnahmen (»Die großen Vier«) sind besonders gekennzeichnet.

Haiku-Beispiele, Besprechungen

DAS HAUS DES WITWERS –
FRÖSCHE HOCHZEITEN DES NACHTS
IM GARTENTEICH

Das Bild ist konkret, ein Haus mit angrenzendem Garten. Es ist Nacht, von Menschen keine Spur. Nur der Beobachter erfährt den Moment, mit ihm der Leser.

Silbenzahl: 5 - 7 - 5
Kigo: Frösche, Frühjahr.
 Auf den ersten Blick eine kleine Gartenszene. Frösche quaken, hier und da ein Sprung ins Wasser, Paarungszeit, Laichzeit. Eine milde Nacht im Frühjahr, das Leben erwacht nach dem Winter. Das erwähnte Haus ist voller Trauer, ein einsamer Witwer wohnt darin, der Tod hat Einzug gehalten und kontrastiert mit dem Leben im Garten. Doch gegen das sich ewig reproduzierende Leben wird die Trauer nicht anhalten können, der unendliche Zyklus von Werden und Vergehen ist auch durch ein schreckliches, einschneidendes Ereignis nicht aufzuhalten.

BEIM SONNENAUFGANG –
DER REIHER VERNEIGT SICH
IM SCHNABEL EIN FISCH

Das Bild: Eine Flusslandschaft oder ein See, an dessen Rand ein Reiher steht, die Sonne geht auf und begrüßt den neuen Tag. Der Reiher hat einen Fisch im Schnabel, er hat erfolgreich dem Wasser seine Beute abgetrotzt. Stille herscht. Es ist früher Morgen.
Silbenzahl: 5 - 6 - 5
 Das Haiku begegnete uns bereits in der 6. Übung, in der es um die Silbenzahl geht. Aus Gründen der Melodie wurde in der zweiten Verszeile das letzte Wort (»tief«) weggelassen, da es keinen Mehrwert bietet. So entstand die bewusste Abkehr von der traditionellen Silbenregel.
Kigo: Sonnenaufgang, Reiher, Sommer

Die Sonne geht auf und der Tagesablauf nimmt seinen Anfang. Wasser lässt an Ewigkeit denken. Der Reiher, als lebendes Gegenstück zur unveränderbaren Flusslandschaft, verneigt sich. War dies dem Fischfang geschuldet, wie man annehmen könnte, oder drückt er seine Demut vor den Zeitläufen aus? Beides enthält das Wort »verneigt sich«. Interpretieren wir das Haiku von der Zen-Philosophie her, verneigt sich der (bereits erfolgreiche) Schüler vor der Größe der Kunst des Meisters, die immer über ihm stehen wird.

DAS KIND BLICKT TRAURIG
DEM ROTEN LUFTBALLON NACH
IM HERBSTHIMMELBLAU

Das Bild: Eine weite Landschaft, ein Kind, ein hoher, blauer Himmel, in den ein Luftballon aufsteigt.
Silbenzahl: 5 - 7 - 5
Kigo: Herbsthimmelblau, Herbst
   Der Mensch ist klein gegen die Natur. Wie klein erst ein Kind vor dem weiten Himmel? Das Firmament ist immerdar, das Kind bleibt nur eine kurze Zeitspanne Kind. Der Luftballon, der den kleinen Händen entwischt, schwingt sich in den Himmel auf, kontrastiert in Farbe und Größe mit der Umgebung und ist nur noch für wenige Augenblicke zu sehen. Der Moment der Freude über den geschenkten Luftballon währt nur kurz. Trauer tritt an die Stelle des Glücks. Das Leben ist nicht wägbar.

ZWISCHEN DEN GRÄBERN
BATZEN VON SCHNEE, HIE UND DA
AMSELGETRÄLLER

Das Bild: Ein Friedhof im späten Winter, Gräber, Grabesstille, unterbrochen vom freudigen Gesang der Amseln.
Silbenzahl: 5 - 7 - 5
Kigo: Schnee, Winter, hier später Winter.

Allmählich taut der Schnee, der Winter verliert seinen Biss und gibt dem Frühling Gelegenheit, den Jahreszyklus von vorn zu beginnen. Noch ist die Erde winterschwer, Batzen von Schnee künden davon. Winter, Zeit des Sterbens, der Trauer, Sinnbild ist der Friedhof, auf dem die Gräber liegen. Doch die freudigen Stimmen der Singvögel scheinen den düsteren Gedanken Hohn zu sprechen, Frühling wird ins Land kommen und mit ihm die Zeit der Freude und des neuen Lebens.

Haikoide

Diesen Neologismus habe ich geprägt, um ein kleines Klassentreffen von Haiku-ähnlichen und Haiku-nahen Lyrik- und Prosaformen zu organisieren. Wer sich mit dem Haiku beschäftigt, sollte auch verwandte Formen, beziehungsweise dessen Vorläufer ein wenig kennen, um die verschiedenen Möglichkeiten dieser Lyrikform zu erahnen.

Senryû

Das Haiku hat viele Freunde und Verwandte. Nahe steht ihm das *senryû*. Es ist formal aufgebaut wie das Haiku selbst, spricht aber von Gefühlen, Innerlichkeit und verwendet Metaphern. Auch hier gibt es die strenge klassische Form und die freie, ungebundene ohne Vorgabe der Silbenzahl und *kigo*. Haiku und *senryû* ist immer die Kürze der Form gemeinsam. So spiegeln beide das Leben, wie in der Schneekugel, gläsern, klein, für sich und beinhalten doch die ganze Welt.

DIE STREUOBSTWIESE –
EIN LETZTER APFEL IM BAUM
AUF WAS WARTET ER?

Das Bild: Eine Wiese mit Obstbäumen.

Silbenzahl: 5 -7 -5
Kigo: Letzter Apfel, Herbst

Im ersten Moment mutet das kurze Gedicht wie ein Haiku an, das Fragezeichen am Schluss der letzten Zeile verneint dies allerdings.

Der letzte Apfel im blattlosen Baum wartet auf etwas. Der Herbst ist die Zeit des Abschieds, seine Apfelkollegen haben sich schon Richtung Kellerregal oder in die Kelterei verabschiedet, nur er harrt noch aus und wartet. Wartet er auf seinen Sturz zu Boden, auf den Tod?

Worauf wartet einer, dem alle Freunde oder Verwandten abhanden gekommen sind, in der Gewissheit, sie kommen nimmermehr zurück? Diese Frage muss sich der Leser selbst beantworten, das *senryû* hallt nach, offen, ein bisschen melancholisch.

IHR ANRUF AUF DEM BALKON –
VOGELGEZWITSCHER

Das Bild: Eine städtische Szene, jemand steht auf dem Balkon und empfängt dort ein Telefonat. In seiner oder ihrer Umgebung singen die Vögel.
Silbenzahl: 7 - 5

Dieses *senryû* verlässt die traditionellen Pfade, indem es sich aus nur zwei Zeilen zusammensetzt. Und doch ist alles gesagt.
Kigo: Vogelgezwitscher, Frühling

»Ihr Anruf« sagt aus, dass es eine weibliche Person ist, die sich im Hörer vernehmen lässt. Möglicherweise handelt es sich um eine Liebesbeziehung, da mit dem Anruf Vogelgezwitscher wahrgenommen wird, beziehungsweise die Vögel auf den Anruf hin das Singen beginnen. Es ist Frühling, Liebe liegt in der Luft. Ein Anruf, eine kurze Botschaft kann den Verliebten in Hochstimmung versetzen, die Geigen am Himmel zum Klingen bringen oder, wie hier, die Vögel zum Singen.

Doch hinter den kurzen Worten steckt noch eine andere, augenzwinkernde Interpretationsmöglichkeit: Der Anruf einer Dame, die dem Angerufenen nahesteht. Frühling, Balkon, vielleicht ein langes Frühstück, der Anruf platzt in die Idylle und die Anruferin plappert unaufhörlich, zwitschert wie ein Vögelchen, leicht und unbeschwert in den Apparat. Eine kleine Gegenidylle entsteht zu dem friedvollen Platz auf dem Balkon. Wer kennt solche Anrufe nicht?

NUR WIDERREDEN
MEINE TOCHTER WIRD ÄLTER
GUT SO! (EIGENTLICH)

Das Bild: Eine Gesprächssituation zwischen einem Mädchen und dessen Vater oder Mutter.
Silbenzahl: 5 - 7 - 5
Kigo: unbestimmte Jahreszeit (übertragen: Frühling des Lebens)

Auf den ersten Blick erscheint das *senryû* sehr persönlich, ohne mögliche Übertragung in eine übergeordnete Ebene (was beim *senryû* durchaus gestattet ist). Doch beim näheren Hinsehen entpuppt sich der spezielle Tochter-Elternteil-Konflikt als eine allgemeine, gut bekannte Familiensituation. Die Tochter beginnt zu widersprechen, anscheinend eine neue, noch unvertraute Situation für die Eltern. Das Mädchen wird älter, kommt in die Pubertät, setzt Widerworte, wird als widerspenstig erfahren und um Autarkie bemüht. Momente, die für die Eltern oder den sprechenden Elternteil erst einmal ungewohnt und unschön sind, aber beim Nachdenken als nötig erkannt werden.

Nur wenn sich das Kind wehrt, Eigenständigkeit erfährt, kann es sich abnabeln und selbstständig werden, daher die Erkenntnis: »Gut so!« Das in Klammern gesetzte »Eigentlich« zeigt ironisch die Schwierigkeiten des Vaters oder der Mutter auf, den Ärger, den die Widerreden der Tochter provozieren, als nötiges Beiwerk zu akzeptieren und diesen nicht auf die Tochter zu projizieren, eine Gratwanderung. So handelt das *senryû* von den Nöten der Pubertät, auf Kinder- und Elternseite sowie den Bewältigungsstrategien, die dem entgegengesetzt werden können. Ein ewiger Konflikt der Generationen, eingedampft auf wenige Silben.

Tanka

Tanka gelten als die Vorläufer des Haiku. Diese Gedichtform besteht aus einunddreißig Moren (japanische Lauteinheiten). Die Aufteilung erfolgte ähnlich dem Haiku in 5 - 7 - 5 Moren im ersten Teil des *tanka*, danach folgen (quasi als Vollendung) zwei weitere Abschnitte in 7 - 7 Moren. Im Unterschied zum *tanka*-Mutterland Japan werden *tanka* in fünf Zeilen geschrieben, gemäß ihrer Morenabschnitte. Entsprechend dem Vorgehen beim Haiku, ordnet man den Moren einzelne Silben zu, so dass ein hiesiges *tanka* aus 5-7-5 und 7-7 Silben besteht. Die ersten drei Zeilen werden als Oberstollen bezeichnet, die beiden Schlusszeilen als Unterstollen. Manchmal sind Ober- und Unterstollen durch eine Leerzeile auch räumlich getrennt. Diese Trennung weist augenfällig auf die beiden Anteile des *tanka* hin. Im Oberstollen wird ein Bild gezeichnet, eine Idee formuliert, die durch den Unterstollen Vollendung oder Interpretation erfährt.

Die Dichter der freien Form verlassen das vorgegebene Schema und benutzen je nach Gusto mehr oder weniger Silben, wodurch die zugrunde liegende Form des *tanka* allerdings häufig nicht mehr erkennbar ist.

Das *kigo* ist bei beiden Richtungen nicht vorgeschrieben, denn ein *tanka* verfolgt andere Ziele als das Haiku. Beide Gedichtformen konzentrieren sich auf den Augenblick. Beim *tanka* ist dies häufig aber persönlicher. So wurden Feste, wie Geburten oder Hochzeiten im *tanka* gefeiert oder besondere Anlässe besungen. Auch private Momente, persönliche Umstände finden im *tanka* Heimat, weniger reine Naturbeobachtungen. Dem Anlass entsprechend wurde beim *tanka* Wert gelegt auf eine entsprechende Präsentation, was Papier, Tinte und Kalligrafie angeht.

Das *tanka* ist eine Einzeldichtung, beim in der Form identischen *tanrenga* bauen zwei Dichter am

Gerüst der Zeilen. Der erste gibt den Oberstollen vor, der zweite vollendet das Gedicht aus seiner Sicht mit dem Unterstollen. Die beiden Blickwinkel und Erfahrungshorizonte ermöglichen eine eigene Spannung im *tanrenga*.

BEI DER WEINERNTE
ZUM MITTAG ZWIEBELKUCHEN
UND FEDERWEISSER –
EIN RUMOREN AM HIMMEL
EIN RUMOREN IM BAUCH

Renga

Das *renga* ist eine alte Sache und doch immer wieder neu. Über anderthalb Jahrtausende trafen und treffen sich Menschen, um gemeinsam zu dichten, Verse aneinanderzureihen und dabei ihre Kunstfertigkeit und ihr Geschick der Improvisation zu zeigen. Beim *renga* war es üblich, dass ein Ehrengast, häufig ein bekannter Dichter, das Kettengedicht mit einem Vers einleitete. Der Vers galt als ehrerbietende Begrüßung des Gastgebers und gab das Thema des *renga* vor. Das *renga* ist im Grunde eine Aneinanderreihung von mehreren *tanka*. Der Anfangsvers heißt *hokku* und hat 5 - 7 - 5 Lauteinheiten, woraus später das Haiku entstehen sollte.
Ein Kettengedicht, als *renga*-Beispiel, in einem Anfänger-Kurs entstanden. Das Thema hieß Fernbeziehung:

WINTERSPAZIERGANG
SCHNEE DRINGT IN DIE SCHUHE EIN
DER WEG WIRD WEITER
NOCH HEUTE WIRST DU KOMMEN
EIN KURZES WOCHENENDE

STILLE UMARMUNG
PASSANTEN HASTEN VORBEI
LASS UNS VON HIER GEHEN
ZUR NAHEN ZWEIRAUMWOHNUNG
DIE FRÜHER SO SONNIG WAR

SO VIELE WORTE
GESPART IN ALL DEN TAGEN
WILLST DU SIE HÖREN
DOCH DU FRAGST MICH NICHT DANACH
SO BLEIBT MEIN MUND VERSCHLOSSEN

FUSSGÄNGERZONE
WEIHNACHTSMUSIK SORGT FÜR
SELIGE STIMMUNG
DOCH DAS GESCHENK, DAS DU TRÄGST
WAR DOCH NIE FÜR MICH BESTIMMT

AUF DEM HEIMWEG
DIE STADT ZIEHT SICH EIN KLEID AN
AUS KÄLTE UND WEISS
UND KAUM SIND WIR ZU HAUSE
IST DER ABSCHIED NAH GERÜCKT

ENTGEGENGESETZT
FAHREN UNSERE ZÜGE
INS GRAU DES WINTERS
MONTAG HEISST DIE ZUGSPITZE
FREITAG, SO WEIT DAS ENDE

Haibun

Das Wort *haibun* beschreibt eine Ehe zwischen einem Haiku und einem Prosastück. Bashô, von dem wir schon einiges gehört haben, unternahm viele, teils monatelange Wanderungen. Die einzelnen Kapitel seiner Tagebuchaufzeichnungen krönte er häufig mit einem Haiku, das die Essenz der dazugehörigen Prosaaufzeichnungen darstellte. Sein berühmtestes Werk dieser Art ist die Wanderung »Auf Nebenpfaden durch das Hinterland«. Dieses Werk ist in Japan wohl in jedem Haushalt zu finden und gehört unzweifelhaft zum Kanon der japanischen Volksliteratur. Analog den Wanderskizzen Bashôs ist im Folgenden der (fiktive) Auszug aus dem Tagebuch einer heutigen Wanderung abgedruckt, um den Aufbau eines *haibun* zu verdeutlichen. Aber natürlich können *haibun* nicht nur von Wanderungen, sondern von allen Dingen des Lebens handeln.

Norwegen, Jotunheimen, im August

Am dritten Tage aber ging ich los. Das Tal war baumlos, graue Steine bedeckten den Boden. Nur schütteres Gras wuchs hier und da. Einzig gelbliches Moos und rotgesprenkelte Flechten wuchsen auf der rauen Oberfläche der Felsbrocken. Schmale Bäche und Rinnsale kreuzten meinen Weg, der keiner war, eher ein Pfad, der sich zwischen den Unebenheiten schlängelte. Je weiter ich das Tal emporstieg, desto näher rückten die Berge und beschnitten die Sicht. Keinem Menschen begegnete ich auf meiner Wanderung und bald machte sich Stille breit, äußerlich nur durchwirkt vom leisen Murmeln des Wassers. Der Wind, der mich begleitete, flüsterte mir seltsame Geschichten zu. Im Innern wurden die Gedanken schwer und verstummten mehr und mehr, Schritt für Schritt, bis Schweigen herrschte, außen wie innen. Steintürme, mit roter Farbe bemalt, wiesen den Weg, der stets bergan führte und ich wollte nicht denken wohin. Geröll, das ich losgetreten haben musste und den Pfad hinunterkollerte, riss mich aus meiner Versunkenheit. Als ich zurückblickte, sah ich weit unten das Tal liegen. Es war mir, als läge dort mein Leben und oben erwarte mich etwas anderes, Neues, das ich herbeisehnte und doch fürchtete. Die Luft wurde kühler, als der Abend sich herabsenkte auf die Berge und das schmale Tal. Unruhe erfasste mich, ob ich mein Ziel noch vor der Dunkelheit erreichen würde. Doch bald sah ich unter einem Gipfel, der sich vornüberlehnte, als sei er vor Gram gebeugt, ein Licht aufsteigen, klein, flackernd, dabei Wärme und Obdach verheißend. Die Berghütte war nicht mehr weit.

STEINE AUFGETÜRMT
ZU SCHWEIGENDEN FIGUREN
NUR DER WIND WISPERT

Haiku-Krimi –
nicht für schwache Nerven!

Für die Anthologie »Mordsweihnachten«, die 2010 im Rowohlt-Verlag erschien, wurde ich angefragt, einen Kurzkrimi zu schreiben. Ich sagte gerne zu und da ich mich gerade intensiv mit der Haiku-Dichtung beschäftigte, baute ich ein Haiku in die Handlung ein. Könnte man das ein modernes *haibun* nennen? Wie dem auch sei, ist die Kurzgeschichte im Kapitel »Haikoide« gut aufgehoben, wie ich finde. Aber Vorsicht: Der Krimi ist nichts für Zartbesaitete!

Der Autor des Haiku möge mir verzeihen, aber sein Gedicht sprach mich an und ließ mich beim Lesen erschaudern, genau das Richtige für einen Krimi. Der Name des *haijin* ist im Text verborgen, wir Geschulten werden ihn sofort identifizieren.

Elf Reiter

Kurz nach der Grenze tauchte ein Blaulicht auf. Im Schneetreiben stand eine Gestalt und winkte. Es war ein Karabiniere in seinem langen, blauen Mantel. Im Vorüberfahren warf Micha einen Blick auf die Männer, die gerade versuchten, etwas aus dem Beifahrerfenster eines umgestürzten Kleintransporters zu ziehen. Er packte das Lenkrad fester. Als er den Pass erreicht hatte, war das Schneetreiben einem diffusen Dämmerlicht gewichen. Er stellte den quietschenden Scheibenwischer ab. Das Münstertal lag vor ihm, er würde bald ans Ziel kommen. Drei Tage, nach drei Tagen musste er zurück sein, das hatte er Bea versprochen. Er hatte sie kaum beruhigen können. So kurz vor Weihnachten. Und wenn es soweit wäre, was dann?, hatte sie gefragt. Der Geburtstermin ist erst Ende Januar, hatte Micha erwidert und er würde doch bald zurück sein. Der Brief von Henrik war zu einem ungünstigen Zeitpunkt gekommen. Drei Jahre hatte er sich nicht gemeldet, und dann dieser Brief. Micha hatte den Umschlag eine Weile betrachtet, bevor er ihn öffnete. Er bekam selten handgeschriebene Briefe. Kein Absender. Und doch wusste er, dass das Schreiben von Henrik war. Und er wusste auch, dass es nichts Gutes bedeuten konnte, wenn Henrik ihm schrieb. »Alter«, hatte da gestanden, Micha mochte diese Anrede nicht, sie gehörte zu einer Zeit, die lange vergangen war. Die Buchstaben waren mit Bleistift hingekritzelt, kaum zu entziffern. Henrik musste über das Papier gewischt haben, alles war verschmiert, schien hastig hingeworfen. Eine Ecke war bedeckt mit rußigen Fingerabdrücken, eine andere eingerissen. »Alter«, las Micha, »lange ist's her. Ich bin immer noch in Santa Maria. Ich warte auf dich. Komm.« Hinter dem Wort »Komm« waren drei Ausrufezeichen ins Papier gefurcht worden. Die Schrift war krakelig, ungelenk, als hätte Henrik lange nicht mit der Hand geschrieben oder wäre in Eile gewesen. Am Ende hatte Micha noch die Worte: »Komm schnell, ich brauch dich«, entziffern können.

Zu beiden Seiten lag hoch der Schnee. Die Straße wirkte wie in das Gelände eingesunken. Sie wand sich abwärts, durch verschneite Ortschaften, an Häusern mit historischen Wandmalereien und dunklen Holztüren vorbei. Ein alter Mann in einer blauen Schürze schippte mit langsamen Bewegungen Schnee auf die Straße. Dann wieder weite, weiße Wiesen. Wald, und wieder Weiden. Aus dem Schnee ragten rote Stangen am Fahrbahnrand. Das Ortsschild von Santa Maria. Die ersten Lichter flammten auf in den Häusern. Micha bog an dem kleinen Hotel ab, die einzige Straße, die hier abzweigte, das hatte er sich gemerkt. Damals, als er das erste Mal hier war. Henrik und Verena hatten ihren Einzug gefeiert. Die ganze Clique war noch einmal zusammengekommen und angereist. Sie hatten sich immer wieder versichert, dass es ein Glück für Henrik war, mit Verena zusammen zu sein. Sie hatte ihn zurechtgerückt, vom Alkohol weggebracht. Er wäre vor die Hunde gegangen, hatten sie sich zugeflüstert, dabei waren sie froh, dass er weg war von München und sie sich nicht mehr verantwortlich fühlen mussten.

Die geteerte Straße endete an einem Parkplatz, der in den Hang geschoben war. Ein Weg führte in den Wald, dahinter wusste Micha das Haus. Er warf sich den Rucksack über und stapfte los. Anfangs war das Gehen leicht, der Weg vom Schnee geräumt. Micha kam an einem Hof vorbei. Von dem tiefgezogenen Dach hingen lange Eiszapfen wie gläserne Zähne herab. Das Stalltor stand offen, ein paar Kühe muhten, ein Motor dröhnte. Das Geräusch blieb hinter der nächsten Biegung zurück. Micha hörte nur seine Schritte auf dem verharschten Schnee. Und seinen Atem. Er passierte noch zwei weitere Höfe, dahinter wurde der Schnee tiefer. Er ging jetzt hangwärts an steilen Schneeflächen vorüber, die Weiden, die zum Haus gehörten. Hinter einer Biegung stand Henriks VW-Bus. Er hatte sich auf dem ungeräumten Weg festgefahren. Auf dem Dach des Busses lag handbreit Schnee. Das Weiterkommen war mühsam, der Schnee reichte bis an die Knie und bei jedem Schritt musste der Fuß weit angehoben werden. Es war jetzt beinahe dunkel. Die dunstige Luft schien dichter zu werden. In weiter Ferne bellte ein Hund. Oder war es das Echo eines Hundes, der gebellt hatte, was an Michas Ohr drang? Er konzentrierte sich auf das Gehen und stoppte erschrocken, als er neben sich, am Wegrand, eine Bewegung wahrnahm. Eine Schar Ziegen zog vorüber. Eine hinter der anderen. Die Geräusche ihrer Füße im Schnee hörten sich an wie trockenes Brot, das gebrochen wurde. Micha wunderte sich, dass keine der Ziegen meckerte, oder meckerten ziehende Ziegen nicht? Als ihn die letzte passiert hatte, ging er weiter. Vor sich sah er das Haus am Hang liegen. Nur ein schwaches Licht schimmerte durch ein winziges Fenster. Das kleine Haus stand auf einem hohen grauen Sockel aus unbehauenen Steinen, darüber ragten zwei weißverputzte Stockwerke in die Nacht, beschattet von einem tief heruntergezogenen Dach. An das Haus war eine mächtige Scheune aus dunklem Holz gebaut, die im Dämmerlicht wie ein schwarzer, übergroßer Schatten wirkte.

Bei einer Bergtour hatten Verena und Henrik das leerstehende Haus gefunden. Verena hatte erzählt, dass das Haus sie gefunden habe. Sie waren zu dem Besitzer gegangen, einem alten Bauern, und hatten Haus und Weiden gepachtet. Sie schafften sich Ziegen an und Verena machte Käse, den sie an Bioläden verkauften. Verena stammte aus der Schweiz. Bevor sie Henrik getroffen hatte, arbeitete sie im Sommer als Sennerin, im Winter trieb sie sich herum. Irgendwann stand sie in der Kneipe in München, in der die Clique sich traf. Henrik hatte gerade Streit mit einem Typen. Er war unberechenbar, wenn er getrunken hatte. Verena ging dazwischen. Von da an sah man sie nur noch zusammen.

Micha tastete nach der Klinke und drückte die schiefe Holztüre auf. Der Raum vor ihm war unbeleuchtet. Er trat auf die Rücken der Bruchsteine, mit denen der Boden ausgelegt war und zog die Tür hinter sich zu. Absolute Dunkelheit. »Henrik!« Er erschrak vor dem Ton seiner eigenen Stimme. Laut und seltsam hoch. Er rief noch einmal in die Schwärze des Raumes. Über ihm wurde ein Stuhl gerückt.

»Komm rauf.« Micha erkannte die fremde Stimme des Freundes. Mit ausgestreckten Händen tastete er nach der klammen Wolldecke, die vor das Treppenhaus gespannt war, schob sie zur Seite und stieg die steilen Stufen hinauf. Die Tür zur Küche stand offen. Henrik saß in dem kleinen, verrußten Raum am Tisch. Vor ihm stand eine Flasche mit einer klaren Flüssigkeit. Daneben eine Kerze. Ofenhitze schlug Micha entgegen.

Henrik lachte heiser. »Der schöne Micha. Quel plaisir!« Er deutete auf den freien Stuhl. »Mach die Tür zu und setz dich.« Henrik griff nach einem weiteren Glas und schenkte ein. Dann lehnte er sich zurück und verschränkte die Arme hinter dem Kopf. Sein Haar war lang und wirr. Die unrasierten Wangen eingefallen. Er hatte stark abgenommen. Micha stellte den Rucksack ab und setzte sich. Henrik schob ihm das Glas hin. »Enzian. Hausbrand vom Nachbarn. Salut.« Der Schnaps brannte in Michas Rachen. Er musste sich unwillkürlich schütteln. Henrik lachte und schenkte nach.

»Unterwegs sind mir die Ziegen entgegen gekommen«, sagte Micha.

»Die Ziegen? Ach ja, ich habe sie laufen lassen. Die wollten raus, meckerten nur rum.«

»Ist Verena nicht da?«

Henrik lachte kurz auf und trank einen Schluck. Langsam stellte er das Glas ab. »Die ist weg. Meckerte auch nur rum.« Er lachte wieder.

»Was ist hier los, Henrik?«

»Winter. Schnee. Seit Monaten.«

Im Grunde war Micha erleichtert, dass Verena nicht da war, sie war ihm unangenehm. Verena hatte eine fordernde Art und wollte, dass man sich nach ihr richtete. Dabei waren alle froh gewesen, dass sie sich um Henrik kümmerte. Er war, seit Bea ihn damals verlassen hatte und mit Micha zusammen gekommen war, unerträglich geworden. Ständig am Saufen, aggressiv, und taub für Ratschläge. Als Henrik sie zu der Feier in die Schweiz eingeladen hatte, war die Clique schon am Zerfallen gewesen. Einige hatten geheiratet oder Kinder bekommen, andere versuchten Karriere zu machen. Die Wege hatten begonnen, sich zu verzweigen. Soweit Micha wusste, hatte auch keiner mehr Henrik hier besucht, obwohl die Feier recht harmonisch abgelaufen war. Bevor sie damals abgefahren waren, hatte Micha mit Henrik einen Spaziergang unternommen. Henrik war ganz aufgekratzt. Er trank nicht mehr, aß kein Fleisch – Verena war Vegetarierin – und freute sich auf das Leben in den Bergen. Er hatte Micha gefragt, ob es die richtige Entscheidung war, alles abzubrechen, um mit Verena zusammen zu leben. Micha hatte gezweifelt, mehr noch, er betrachtete die Idee als zum Scheitern verurteilt, sagte aber, dass die Entscheidung richtig war und versprach, bald wieder zu kommen. Das war jetzt drei Jahre her.

»Habt ihr Krach?«

»Ich sagte dir doch: Schnee seit Monaten.«

»Also ist sie weg. Das ist hart, ganz allein hier. Und der Hund?«

»Shiki hängt hinter dem Haus.« Henrik lachte kurz auf. »Ich habe ihn tot geschlagen. Er wurde aggressiv.«

Ein Scheit im Ofen war durchgebrannt und zerfiel. Micha zuckte zusammen. Sein Herz klopfte hart. Verenas Hund, Shiki, ein großes braunes Tier, war zutraulich und verschmust gewesen. Micha konnte sich nicht vorstellen, dass er aggressiv geworden war. Aber er konnte sich einiges nicht vorstellen, sagte er sich, was hier in diesem Haus vor sich ging. Er war plötzlich sehr müde. Morgen würde er sich ein Bild machen, und Henrik überreden, die Zelte hier abzubrechen. Ohne Verena würde Henrik hier nicht leben können.

Micha hielt sich beim Gähnen die Hand vor den Mund. Vielleicht war der Sauerstoff durch das Feuer aufgebraucht. »Und du denkst, sie kommt nicht zurück?«

»Die Reiter drehen sich nicht um.«

»Welche Reiter? Henrik! Jetzt rede doch mal Klartext. Ich bin die ganze Strecke von München hierher gekommen, weil du mir einen Hilferuf geschickt hast und jetzt schwafelst du nur rum!« Dass Bea dagegen gewesen war, verschwieg er, auch dass sie schwanger war, wollte er nicht erwähnen. Es würde die Sache nicht besser machen.

Henrik schenkte sein Glas wieder voll. »Die elf Reiter. Elf Reiter, elf Tage. Und keiner dreht sich um. Auch Verena dreht sich nicht um. Sie schaut nie zurück.« Er bückte sich. Aus der Dunkelheit griff er ein Scheit Holz, öffnete im Sitzen die Ofenklappe und schob das Holz über die Glut. »Ich weiß nicht mehr, was ich tun soll. Hilfst du mir diesmal?« Seine Stimme war weich und leise geworden.

Das Wort »diesmal« brannte in Michas Ohren wie der Schnaps in seinem Rachen brannte. Wann hatte er ihm nicht geholfen? Was warf Henrik ihm vor? Die Sache mit Bea? Sie hatten nie darüber geredet, aber Henrik schien ihm keine Vorwürfe deshalb zu machen. Schließlich hatte sich Bea von Henrik getrennt, bevor er, Micha, mit ihr zusammen kam. Er hätte vielleicht nicht hierherfahren sollen, Bea hatte recht gehabt. Henrik war nicht zu helfen.

»Ich bin hier, um dir zu helfen«, sagte Micha und glaubte es selbst. Henrik war sein Freund und Freunden hilft man in der Not. Micha lächelte und hob das Glas. Das Klirren der Gläser schnitt wie weit entferntes Ostergeläut in die Dunkelheit.

»Morgen reden wir. Jetzt würde ich gerne schlafen. Es war eine weite Fahrt.«

»Ich hab dir nebenan eine Matratze hingelegt.«

Micha stand auf und streckte sich. Am Ende des Flurs führte eine Tür zur Holzlege und zur angebauten Trockentoilette. Er bückte sich unter die Zarge und tastete nach draußen, aus der Küche drang schwach der Kerzenschein. Die eisige Luft packte ihn mit kalten Händen. Er atmete durch. Leise rauschten die Tannen über dem Haus. Er streckte die Arme nach der Klotür aus und fasste an etwas Kaltes. Glatt und kalt. Shiki! Henrik hatte den Hund hier hingehängt. Er musste ihm das Fell abgezogen haben. Sachte schwang der gefrorene Körper an einem Strick.

Die Wohnstube war warm. Der Küchenofen heizte den holzgetäfelten Raum durch ein Umluftsystem mit. Micha drehte leise den Schlüssel in der Tür um, dann legte er sich hin und löschte die Kerze. Die Fenster standen als graue Rechtecke in der Schwärze des Raumes. Er hörte Henrik in der Küche Holz nachlegen, dann knarzten Schritte die Treppe zum Schlafzimmer hinauf. Henriks Schritte über ihm auf hölzernem Boden. Dann Ruhe. Dann Henriks Stimme. Ein Gemurmel. Er sprach mit sich selbst. Stille. Schritte auf der Treppe. Henrik ging zurück in die Küche, das Geräusch beim Stuhlrücken, das Entkorken der Flasche, ein Scharren, die Nacht.

Micha erwachte bei Sonnenaufgang. Der Himmel vor den Fenstern war tiefblau. Der Atem stand als Wolke vor seinem Mund. Die Kälte im Raum hatte die Fenster an den Ecken mit Eisschorf bedeckt. Er stand auf, streckte sich und schloss die Tür auf. Henrik saß in der düsteren Küche, sein Kopf lag auf den Armen. Die Flasche vor ihm auf dem Tisch, der Ofen war kalt. Überall lagen Spreißel herum. Micha stopfte zerknüllte Zeitung und ein paar von den umherliegenden Holzspreißeln in die gemauerte Öffnung des Ofens. Die Flamme des Streichholzes streckte sich nach dem Papier.

Henrik war vom Stuhl aufgestanden. Micha fühlte ihn hinter sich stehen. Er zog den Kopf ein, als erwarte er einen Schlag. Dann hörte er Henriks Gähnen.

»Erst mal ′nen Kaffee«, sagte der und hantierte mit der Espressokanne herum. Vom Flur holte Henrik die Milchflasche und goss etwas davon in einen Topf. Mit einem gebogenen Haken entfernte er ein paar Ringe auf der Ofenplatte und stellte Kanne und Topf auf die Öffnungen direkt über der Flamme. Den Haken hielt er noch in der Hand. Micha musste an Shiki denken.

»Wieso hast du dem Hund das Fell abgezogen?«

»Ich habe es verbrannt«, sagte Henrik. »Das macht man hier so mit Wuthunden. Bannt das Böse.

Danach ist mir gekommen, dass ich mich mit Shiki vielleicht getäuscht habe. Er hatte einfach Angst.«

Henrik starrte auf die Tischplatte. Jetzt erst sah Micha, dass Henrik in der Nacht Buchstaben in das Holz des Tisches geritzt hatte. Die Worte nahmen die ganze Platte ein. Er stellte die Flasche auf den Boden, wischte die Spreißel vom Tisch und las im Stehen die Schrift.

ELF REITER
EINER HINTERM ANDERM IM SCHNEESTURM –
KEINER DREHT DEN KOPF.

Die Milch kochte über. Beißender, weißer Rauch erfüllte die Küche. Henrik starrte weiter auf den Tisch. Der Herd zischte wie eine gereizte Schlange. Micha zog den Ärmel über die Hand und riss den Topf von der Platte. Dann schob er die Ringe auf die Öffnung über dem Feuer. Er streckte sich über den Herd und öffnete das kleine Fenster. Sofort strömte kalte Luft herein. Die Espressokanne blubberte.

»Ich will jetzt hören, was passiert ist.« Er sprach langsam und betonte jede Silbe. Henrik rührte sich nicht. Die Luft, die zum Fenster hereindrängte, griff kalt um Michas Nacken. »Du wolltest, dass ich dir helfe. Ich bin hier. Also sag mir, was los ist oder ich fahre auf der Stelle wieder ab.«

Henrik ließ sich auf einen Stuhl fallen. »Ich habe das ganze Weiß nicht mehr ausgehalten. Ich musste weg. Freunde besuchen in Meran.«

Die Kanne röchelte. Micha nahm sie vom Feuer und schenkte zwei Tassen voll. »Und Verena?«

»Wir stritten die ganze Zeit. Verena war ständig müde und gereizt. Ich denke, sie war nicht richtig eingestellt.« Er trank einen Schluck von dem Kaffee und verzog angewidert das Gesicht. »Du weißt ja, dass sie zuckerkrank war.«

»Das wusste ich nicht«, sagte Micha.

»Dann dieses Leben hier. Kein Alkohol, kein Fleisch, kein Sex. Dazu der viele Schnee. Ich musste raus.« Er stand auf und goss sich Milch in die Tasse. Trank. Dann zog er einen geronnenen Eiweißfaden aus dem Mund und wischte die Hand an seinem Hemd ab. »Es gab einen Riesenkrach. Ich bin ausgerastet, es war mir alles egal. Dann bin ich weg. Elf Tage. Dauersuff. War einfach fertig mit der Welt. Als ich zurückkam, knurrte mich der Hund an, ließ mich nicht an sie ran. Da erschlug ich ihn.«

»Was war mit Verena?«

»Scheiße, du kapierst ja gar nichts. Tot war sie. Tot und tiefgefroren. Lag oben im Bett und glotzte an die Decke. Als wenn sie auf mich wartet. War kein schöner Anblick, sag ich dir. Der Hund hatte das ganze Gesicht gefressen. Ich dachte erst, er hätte sie totgebissen. Aber jetzt glaube ich, der wollte sie wecken oder so. Das machen die Hunde. Lecken erst das Gesicht, dann beißen sie ein bisschen dran herum. Ist so eine Übersprungshandlung. Das meinen die gar nicht böse. Ist mir aber erst eingefallen, als ich ihn schon totgeschlagen und abgezogen hatte.«

»Wo ist sie?« Micha hatte die Hände auf die Ohren gelegt. Henrik deutete nach oben, dann starrte er auf die Tischplatte als läse er die Schrift darauf. »Vielleicht hatte sie so was wie einen Zuckerschock.«

»Was ist passiert, als du weggefahren bist?«

»Sie hat mich bis aufs Blut gereizt. Drohte mir. Wollte, dass ich nicht mehr zurückkomme, wenn ich ginge. Ich bin ausgerastet, das habe ich ja schon gesagt. Ja, vielleicht hab ich sie auch geschlagen. Aber sie schrie noch was hinter mir her. Sie lebte noch, als ich ging. Scheiße, ich hätte früher zurückkommen sollen. Elf Tage. Verdammt.«

Er legte den Kopf auf die Arme. Die Schultern zitterten. Micha stand auf und stieg die Treppe hinauf. Vor dem Schlafzimmer hielt er einen Moment inne, dann stieß er die Tür auf. Das Fenster war mit Eisblumen bedeckt. Micha atmete flach. Er blickte zum Bett. Eine Gestalt lag dort, die Hände gefaltet. Er trat näher. Ihr Gesicht war kaum erkennbar. Die linke Hälfte war bis zu den Knochen abgenagt. Graue Gewebefetzen hingen von der Backe herab. Aus tiefliegenden Höhlen starrten die Augen milchigweiß. Die Lippen waren vollständig verschwunden. Dadurch wirkte das zerfetzte Gesicht als würde es lachen. Über den Tod hinaus. Michas Magen zog sich zusammen, er würgte und übergab sich direkt auf die Tote. Seine Knie gaben nach, und er kutschte sich hin, am Bettgestell festhaltend. Dann atmete er einige Male tief durch. Neben ihm war der Holzboden dunkel verfärbt.

Als Micha den Rucksack geschultert hatte, trat er vor die Küche. Henrik saß noch immer am Tisch. Er hatte eine Schnapsflasche vor sich stehen. In der Hand hielt er ein leeres Glas. Er weinte und sagte etwas Unverständliches. Es hörte sich flehend an.

Micha blickte auf Henrik herab. Er würde die Polizei verständigen müssen. Anonym. Sonst könnte sich die Sache in die Länge ziehen. Die würden sich schon um Henrik kümmern. Schließlich musste er morgen zurück sein. Bea war hochschwanger und in wenigen Tagen Weihnachten.

Ein weites Feld

Am Ende möchte ich noch einmal an den Anfang kommen. Das mit den erwähnten bequemen Schuhen war ziemlich ernst gemeint. Viel nach draußen gehen, die Sinnesorgane schulen, vor allem den Blick für das Kleine, Unscheinbare. Das Leben setzt sich aus den kleinen Momenten zusammen, nicht aus den wenigen großen Ereignissen.

Mit den bequemen Schuhen an den Füßen sollten wir in eine Papierwarenhandlung gehen, vornehmlich Einzelhandel (wegen Unterstützung desselben) und uns zwei ansprechende Bücher kaufen, deren Seiten leer sind und bei denen auf ein uns genehmes Papier geachtet wurde. Zwei Bücher. Das eine muss herhalten für schnelle Schüsse, Notizen, Haikoide und andere bluts- und artverwandte Versuche. Dazu kann eine Liste mit Jahreszeitenwörtern, *kiyose*, angelegt werden, erinnerungssatte Fotos, Fahr- und Eintrittskarten, was auch immer.

Das zweite Buch nimmt die gelungenen Haiku auf, vielleicht in einer jahreszeitlichen Chronologie. Ich selbst nutze ein Buch für ein Jahr. Fertig gestellt enthält es Haiku aus den vier Jahreszeiten und erzählt mir von einem ganzen Lebensjahr. Zugegeben nicht immer, aber doch recht häufig kann ich mir die Situation und die dazu gehörige Stimmung ins Gedächtnis rufen, wenn ich das entsprechende Haiku lese, auch wenn der Moment lange vergangen, verweht ist.

Bevor wir ein Haiku aus dem ersten Buch in das zweite übertragen, ist es sinnvoll zu warten. Als Haiku-Dichter sollten wir uns in Geduld üben. Nach ein paar Wochen Ablagerung nehmen wir das gelungene Haiku heraus, lesen es leise, dann laut und betrachten es kritisch auf Inhalt, Klang, Rhythmus und Haiku-Regeln. Vielleicht wird es bei der letzten Überarbeitung noch etwas gelungener?

Zu den großen Festen wie Weihnachten, Neujahr, Ostern, versende ich gerne Blanko-Postkarten, die ich auf der Bildseite mit einem zum Anlass passenden Haiku beschriftet habe, ein Stempel, ein Gruß.

In dieser Hinsicht gibt es viele Möglichkeiten, die Perlen, die wir am Wegrand fanden und in Worte fassten, weiterzureichen. Seien wir kreativ.

Und jetzt legen wir endlich das Buch aus der Hand und schütteln die Schneekugel, will sagen, werden konkret, gehen hinaus, atmen, betasten, sehen und hören. Es ist ein weites Feld, das auf unsere Begehung wartet.

EIN BLATT FÄLLT VOM BAUM
LANDET SACHT AUF DEN SEITEN
DES OFFENEN BUCHS

Glossar

In der vorherrschenden Literatur, die sich mit Haiku und verwandten Formen beschäftigt, sind die japanischen Fachtermini meist klein geschrieben. In der vorliegenden »kleinen Schule« wurde dies beibehalten, nur das Wort »Haiku« erfährt eine Anpassung an die deutsche Schreibweise, also mit Majuskel, da es auch im Deutschen als eigenständige Gedichtform anerkannt wird und sich etabliert hat.

Bashô, Matsuo (1644 -1694) – Bananenstaude, Haijin-Meister
Buson, Yosa – Haijin-Meister
gendai–haiku – modernes, formfreies Haiku
Haiku – »lustiges« Gedicht
haikai – Syn. für Haiku, Haiku-Dichtung
haijin – Haiku-Dichter
hokku – Erstvers eines Reihengedichts
Issa (1763 -1852) – Hajin-Meister
kado – Weg der Poesie
Karai Hachiemon (1718 -1790) – Verbreitete das *senryû*
kasen – 36er Kettenreihengedicht
Kawahigashi Hekigotô – Schüler Shikis und Reformer des Haiku
kidai – Jahreszeitenthema
kigo – Jahreszeitenwort
kireji – Schneidewort
kiyose – *kigo*-Liste

kokoro – Herz, Gefühl
kyudo – japanisches Bogenschießen
makoto – Wahrhaftigkeit
on – phonemischer Laut, Lauteinheit
renga – Partnergedicht, Reihengedicht
saijiki – Wörterbuch für *kigo* mit Synonymen und Beispiel-Haiku
senryû – Flussweide, dreizeiliges Gedicht
Shiki, Masaoka (1867 -1902) – Haijin-Meister
tanka – fünfzeiliges Gedicht
tanrenga – fünfzeiliges Gedicht, von zwei Personen verfasst
yoin – Nachhall, Nachklang
zazen – Sitzmeditation

Bibliografie

Tadao Araki: Deutsch–Japanische Begegnungen in Kurzgedichten. München: Indium Verlag, 1992.

Dietrich Krusche (Hg.): Auf einen Atemzug, dtv, München, 1996.

Ekkehard May und Claudia Waltermann (Hg.): Bambusregen, Insel Verlag, Frankfurt a. M., 1997.

Bashô: Auf schmalen Pfaden durchs Hinterland, Handbibliothek Dietrich, Mainz, 1985.

Beck, Charlotte Joko: Einfach Zen, Droemersche Verlagsanstalt, München, 2000.

Imma von Bodmershof: Haiku, dtv, München, 2002.

Lonnie Hull DuPont: Haiku schreiben, Hamburger Haiku Verlag, Hamburg, 2004.

Haiku, Japanische Dreizeiler, Übersetzt von Jan Ulenbrock, Reclam, Stuttgart, 2004.
Dietrich Krusche (Hg.): Haiku, Japanische Gedichte, dtv, München, 1994.
H. Hossenfelder, T. Hemstege: Auch dein Schatten ist dir nicht treu, Verlag Simon & Magiera, München, 1984.
C. H Kurz: Auf überschatteten Pfaden, Verlag Bert Schlender, Göttingen, 1985.
Ekkehard May (Hg.): Shomon, Dietrich'sche Verlagsbuchhandlung, Mainz, 2000.
Ekkehard May (Hg.): Shomon II, Dietrich'sche Verlagsbuchhandlung, Mainz, 2002.
Inahata Teiko: Welch eine Stille! Hamburger Haiku Verlag, Hamburg, 2005.
R. Weihe: Meer der Tusche, Nagel & Kimche, 2003.
Günter Wohlfahrt: Zen und Haiku, Reclam, Ditzingen, 2008.
www.deutschehaikugesellschaft.de, Archiv, Aufsätze
www.haiku-heute.de/Archiv
Universität Mainz, Dr. Marion Grein: Japanische Literatur (Stand 12. 3. 2007):
http://www.e-linguistik.uni-mainz.de/uploads/Japanische_Literatur_Einleitung.pdf
Sommerkamp, Sabine: Die deutschsprachige Haiku-Dichtung. Von den Anfängen bis zur Gegenwart; aus:
www.kulturserver.de/home/haiku-dhg/Archiv/Sommerkamp_deutschsprHaikudichtung.htm

Zum Autor

Stefan Valentin Müller studierte Tiermedizin in Gießen und am Deutschen Literaturinstitut Leipzig angewandte Literatur. Neben der Veröffentlichung von Kriminalromanen »Schlachthofsymphonie« und »Barnabas Kapelle«, dem Erzählungsband »Vom Fliegenfischen« und zahlreichen Kinderbüchern und Kurzgeschichten gibt er Kurse für Kreatives Schreiben und Haiku–Seminare. Der Autor wohnt in seiner Heimatstadt Aschaffenburg, nachdem er zwanzig Jahre hier und da lebte.
www.mueller-ab.de

STILL SITZT DER ALTE
DAS BUCH AUS DER HAND GERUTSCHT –
LAUE LUFT, SCHNARCHEN